Joseph Staline

Les principes du Léninisme

Editions Bibliothèque Dissidente

Les principes du Léninisme

Le léninisme instaure la dictature du prolétariat, afin de fournir aux classes ouvrières la conscience politique nécessaires pour abattre le capitalisme. Les bolcheviks voient l'histoire à travers le cadre théorique du matérialisme dialectique pour instituer le socialisme et réaliser la transition socio-économique par tous les moyens.

Bibliothèque
DISSIDENTE

"A la promotion Lénine, je dédie ces pages"

- Joseph Staline (1878-1953)

Table des matières

Introduction

Les principes du léninisme : le sujet est vaste. Pour l'épuiser, il faudrait tout un livre. Bien plus, il en faudrait toute une série. Il est donc naturel que mes conférences ne puissent être un exposé complet du léninisme. Elles ne peuvent être tout au plus qu'un résumé succinct des principes du léninisme. Néanmoins, je crois utile de faire ce résumé afin de donner quelques points de départ fondamentaux, nécessaires à l'étude féconde du léninisme.

Exposer les principes du léninisme, ce n'est pas encore exposer les principes de la conception du monde de Lénine. La conception du monde de Lénine et les principes du léninisme ne sont pas une seule et même chose, quant à l'étendue. Lénine est marxiste, et la base de sa conception du monde est évidemment le marxisme. Mais il ne s'ensuit nullement que l'exposé du léninisme doive commencer par l'exposé des principes du marxisme. Exposer le léninisme, c'est exposer ce qu'il y a de particulier et de nouveau dans les travaux de Lénine, ce que celui-ci a versé au trésor commun du marxisme et ce qui se rattache naturellement à son nom. C'est dans ce sens seulement que je parlerai dans mes conférences des principes du léninisme.

Ainsi, qu'est-ce que le léninisme ?

Les uns disent que le léninisme est l'application du marxisme aux conditions particulières de la situation russe. Cette définition renferme une part de vérité, mais elle est loin de rendre toute la vérité. Lénine a, en effet, appliqué le marxisme à la réalité russe, et il l'a fait de main de maître. Mais si le léninisme n'était simplement que l'application du marxisme à la situation particulière de la Russie, le léninisme serait un phénomène purement national et seulement national, purement russe et seulement russe. Or nous savons que le léninisme est un phénomène international — et non pas seulement russe, ayant des racines dans tout le développement international.

Voilà pourquoi j'estime que cette définition a le défaut d'être unilatérale.

D'autres disent que le léninisme est la régénération des éléments révolutionnaires du marxisme des années 1840-1850, à la différence du marxisme des années ultérieures, lequel serait devenu modéré, non révolutionnaire. Si l'on fait abstraction de cette division stupide et plate de la doctrine de Marx en deux parties — révolutionnaire et modérée, — il faut reconnaître que même dans cette définition, absolument insuffisante et insatisfaisante, il y a une part de vérité. Elle consiste, cette part de vérité, en ce que Lénine a, en effet, régénéré le contenu révolutionnaire du marxisme, que les opportunistes de la IIe Internationale avaient mis sous le boisseau. Mais ce n'est là qu'une part de vérité. La vérité entière sur le léninisme est que celui-ci a non seulement régénéré le marxisme, mais a fait encore un pas en avant en développant le marxisme dans les nouvelles conditions du capitalisme et de la lutte de classe du prolétariat.

Qu'est-ce donc enfin que le léninisme ?

Le léninisme est le marxisme de l'époque de l'impérialisme et de la révolution prolétarienne. Plus exactement : le léninisme est la théorie et la tactique de la révolution prolétarienne en général, la théorie et la tactique de la dictature du prolétariat, en particulier. Marx et Engels ont milité dans la période d'avant la révolution (nous parlons de la révolution prolétarienne), où l'impérialisme n'était pas encore développé, dans la période de préparation des prolétaires à la révolution, dans la période où la révolution prolétarienne n'était pas encore directement, pratiquement, une chose inévitable. Lénine, élève de Marx et d'Engels, a milité, lui, dans la période de l'impérialisme développé, dans la période de la révolution prolétarienne en développement, alors que la révolution prolétarienne avait déjà triomphé dans un pays, battu la démocratie bourgeoise et inauguré l'ère de la démocratie prolétarienne, l'ère des Soviets.

Voilà pourquoi le léninisme est le marxisme développé plus avant.

Introduction

On note d'ordinaire le caractère exceptionnellement combatif, exceptionnellement révolutionnaire du léninisme. Cela est tout à fait juste. Mais cette particularité du léninisme s'explique par deux raisons : d'abord parce que le léninisme est sorti du sein de la révolution prolétarienne, dont il porte nécessairement l'empreinte ; ensuite, parce qu'il a grandi et s'est renforcé dans les batailles contre l'opportunisme de la IIe Internationale, lutte qui a été et demeure la condition préalable nécessaire au succès de la lutte contre le capitalisme. Il ne faut pas oublier qu'entre Marx et Engels d'une part, et Lénine de l'autre, s'étend toute une période de domination sans partage de l'opportunisme de la IIe Internationale, et que la lutte impitoyable contre cet opportunisme ne pouvait manquer d'être une des tâches les plus importantes du léninisme.

Une idée progressiste joue un rôle important dans le progrès socio-historique.

I. Les racines historiques

Le léninisme a grandi et s'est formé dans les conditions de l'impérialisme, alors que les contradictions du capitalisme avaient atteint un point extrême ; que la révolution prolétarienne était devenue une question d'activité pratique immédiate ; que l'ancienne période de préparation de la classe ouvrière à la révolution s'était transformée en son aboutissant, en une nouvelle période d'assaut direct contre le capitalisme.

Lénine appelait l'impérialisme le « capitalisme agonisant ». Pourquoi ? Parce que l'impérialisme pousse les contradictions du capitalisme jusqu'à la dernière limite, jusqu'aux bornes extrêmes, au-delà desquelles commence la révolution. Parmi ces contradictions, il en est trois qu'il faut considérer comme les plus importantes.

La première contradiction est celle qui existe entre le Travail et le Capital. L'impérialisme, c'est la toute-puissance des trusts et des consortiums monopolisateurs, des banques et de l'oligarchie financière dans les pays industriels. Dans la lutte contre cette toute-puissance, les méthodes habituelles de la classe ouvrière — syndicats et coopératives, partis parlementaires et lutte parlementaire — se sont révélées absolument insuffisantes. Ou bien livre-toi à la merci du Capital, végète comme par le passé et descends toujours plus bas, ou bien saisis-toi d'une arme nouvelle ; c'est ainsi que l'impérialisme pose la question devant les masses innombrables du prolétariat. L'impérialisme amène la classe ouvrière à la révolution.

La deuxième contradiction est celle qui existe entre les différents groupes financiers et puissances impérialistes dans leur lutte pour les sources de matières premières, pour les territoires d'autrui. L'impérialisme, c'est l'exportation des capitaux vers les sources de matières premières, la lutte forcenée pour la possession monopolisée de ces sources, la lutte pour le repartage du monde déjà partagé, lutte que mènent avec un acharnement particulier les nouveaux groupes financiers et puissances en quête d' « une place au soleil » contre les anciens groupes et puissances, qui se cramponnent à ce qu'ils ont accaparé. Cette lutte forcenée entre les différents groupes de capitalistes a ceci de remarquable qu'elle implique, comme élément inévitable, les guerres impérialistes, les guerres pour la conquête des territoires d'autrui. Cette circonstance, à son tour, a ceci de remarquable qu'elle conduit à l'affaiblissement réciproque des impérialistes, à l'affaiblissement de la position du capitalisme en général, au rapprochement de l'heure de la révolution prolétarienne, à la nécessité pratique de cette révolution.

Les racines historiques

La troisième contradiction est celle qui existe entre la poignée de nations « civilisées » dominantes et les centaines de millions d'hommes des peuples coloniaux et dépendants du monde. L'impérialisme est l'exploitation la plus impudente et l'oppression la plus inhumaine des centaines de millions d'habitants des immenses colonies et pays dépendants. L'extorsion du surprofit, tel est le but de cette exploitation et de cette oppression. Mais, exploitant ces pays, l'impérialisme est obligé d'y construire des chemins de fer, des fabriques et des usines, des centres d'industrie et de commerce. Apparition d'une classe de prolétaires, formation d'intellectuels indigènes, éveil de la conscience nationale, renforcement du mouvement de libération, tels sont les résultats inévitables de cette « politique ». Le renforcement du mouvement révolutionnaire dans toutes les colonies et dans tous les pays dépendants sans exception, en est un témoignage évident. Cette circonstance importe au prolétariat en ce sens qu'elle sape à la base les positions du capitalisme, transformant les colonies et les pays dépendants de réserves de l'impérialisme en réserves de la révolution prolétarienne.

Telles sont, en somme, les principales contradictions de l'impérialisme, qui ont transformé l'ancien capitalisme «florissant», en capitalisme agonisant. La guerre impérialiste qui s'est déchaînée il y a dix ans a, entre autres, cette signification qu'elle a rassemblé toutes ces contradictions en un seul nœud et les a jetées dans le plateau de la balance, accélérant et facilitant ainsi les batailles révolutionnaires du prolétariat.

Autrement dit, l'impérialisme n'a pas seulement abouti au fait que la révolution est devenue pratiquement une chose inévitable, mais encore au fait que des conditions favorables se sont créées pour l'assaut direct des citadelles du capitalisme.

Telle est la situation internationale qui a donné naissance au léninisme.

Tout cela est fort bien, nous dira-t-on, mais que vient faire ici la Russie, qui pourtant n'était ni ne pouvait être le pays classique de l'impérialisme ? Que vient faire ici Lénine, qui a travaillé avant tout en Russie et pour la Russie ? Pourquoi la Russie, précisément, a-t-elle été le foyer du léninisme, la patrie de la théorie et de la tactique de la révolution prolétarienne ?

Parce que la Russie était le point crucial de toutes ces contradictions de l'impérialisme.

Parce que la Russie, plus que tout autre pays, était grosse de la révolution et que, pour cette raison, elle était seule en état de résoudre ces contradictions par la voie révolutionnaire.

D'abord la Russie tsariste était un foyer d'oppression de toute sorte — aussi bien capitaliste que coloniale et militaire, dans la forme la plus inhumaine et la plus barbare. Qui donc ignore qu'en Russie la toute-puissance du Capital s'alliait au despotisme tsariste, l'agressivité du nationalisme russe aux atrocités du tsarisme contre les peuples non russes, l'exploitation de régions entières — en Turquie, en Perse, en Chine — à l'annexion de ces régions par le tsarisme, à la guerre de conquêtes ? Lénine avait raison quand il disait que le tsarisme était un « impérialisme militaire-féodal ». Le tsarisme était un concentré des côtés les plus négatifs de l'impérialisme, élevés au carré.

Ensuite, la Russie tsariste était une puissante réserve de l'impérialisme occidental, non seulement parce qu'elle donnait libre accès au capital étranger qui détenait, en Russie, des branches d'économie nationale aussi décisives que le combustible et la métallurgie, mais aussi parce qu'elle pouvait mettre sur pied, au profit des impérialistes d'Occident, des millions de soldats. Rappelez-vous, l'armée russe de quatorze millions d'hommes qui versa son sang sur les fronts impérialistes pour assurer des profits exorbitants aux capitalistes anglo-français.

Puis le tsarisme n'était pas seulement le chien de garde de l'impérialisme dans l'est de l'Europe, mais encore l'agent de l'impérialisme occidental, chargé de faire suer à la population par centaines de millions les intérêts des emprunts consentis au tsarisme à Paris et à Londres, à Berlin et à Bruxelles.

Enfin, dans le partage de la Turquie, de la Perse, de la Chine, etc., le tsarisme était le plus fidèle allié de l'impérialisme occidental. Qui donc ignore que la guerre impérialiste a été menée par le tsarisme en alliance avec les impérialistes de l'Entente, et que la Russie a été un élément essentiel de cette guerre ?

Voilà pourquoi les intérêts du tsarisme et de l'impérialisme d'Occident s'entrelaçaient et se confondaient pour former, finalement, un écheveau unique des intérêts de l'impérialisme.

L'impérialisme d'Occident pouvait-il se résigner à la perte d'un soutien aussi puissant en Orient et d'un aussi riche réservoir de forces et de ressources que l'était l'ancienne Russie tsariste et bourgeoise, sans essayer toutes ses forces dans une lutte à mort contre la révolution en Russie, afin de défendre et de maintenir le tsarisme ? Evidemment non.

Il s'ensuit donc que quiconque voulait frapper le tsarisme levait forcément la main sur l'impérialisme ; que quiconque se dressait contre le tsarisme devait aussi se dresser contre l'impérialisme ; car quiconque travaillait à renverser le tsarisme, s'il avait réellement l'intention non pas seulement de le frapper, mais de l'achever sans rien en laisser, devait renverser aussi l'impérialisme. Ainsi la révolution contre le tsarisme se rapprochait de la révolution contre l'impérialisme, devait se transformer en révolution contre l'impérialisme, en révolution prolétarienne.

Les racines historiques

Cependant montait en Russie la plus grande révolution populaire, à la tête de laquelle se trouvait le prolétariat le plus révolutionnaire du monde, qui disposait d'un allié aussi sérieux que la paysannerie révolutionnaire de Russie. Est-il besoin de démontrer qu'une telle révolution ne pouvait s'arrêter à mi-chemin, qu'en cas de succès elle devait poursuivre sa marche, en levant le drapeau de l'insurrection contre l'impérialisme ?

Voilà pourquoi la Russie devait devenir le point crucial des contradictions de l'impérialisme, non seulement dans ce sens que ces contradictions, en raison de leur caractère particulièrement ignoble et particulièrement intolérable se révélaient le mieux précisément en Russie; et non seulement parce que la Russie était le principal soutien de l'impérialisme occidental, reliant le capital financier de l'Occident aux colonies d'Orient, mais aussi parce que la force réelle capable de résoudre les contradictions de l'impérialisme par la voie révolutionnaire, n'existait qu'en Russie.

Il s'ensuit donc que la révolution en Russie devait nécessairement devenir une révolution prolétarienne; que dès les premiers jours de son développement elle devait nécessairement prendre un caractère international et que, par suite, elle devait nécessairement ébranler les bases mêmes de l'impérialisme mondial.

Les communistes russes pouvaient-ils, dans ces conditions, limiter leur activité au cadre étroitement national d'une révolution russe ? Evidemment non. Au contraire, toute la situation aussi bien intérieure (crise révolutionnaire profonde) qu'extérieure (guerre) les poussait à dépasser ce cadre dans leur activité, à reporter la lutte dans l'arène internationale, à mettre à nu les plaies de l'impérialisme, à démontrer la faillite inéluctable du capitalisme, à battre le social-chauvinisme et le social-pacifisme, à renverser enfin le capitalisme dans leur pays et à forger pour le prolétariat une nouvelle arme de lutte, la théorie et la tactique de la révolution prolétarienne, afin de faciliter aux prolétaires de tous les pays le renversement du capitalisme. Au reste, les communistes russes ne pouvaient agir autrement, car ce n'est qu'en suivant cette voie qu'on pouvait compter voir intervenir dans la situation internationale certains changements susceptibles de garantir la Russie contre la restauration du régime bourgeois.

Voilà pourquoi la Russie est devenue le foyer du léninisme, et Lénine, le chef des communistes russes, son créateur.

Là «il est arrivé» à la Russie et à Lénine à peu près ce qui est arrivé à l'Allemagne et à Marx et Engels entre 1840 et 1850. Comme la Russie du début du XXe siècle, l'Allemagne était alors grosse d'une révolution bourgeoise. Dans le <u>Manifeste communiste</u>, Marx écrivait :

Les racines historiques

> *« C'est vers l'Allemagne surtout que se tourne l'attention des communistes, parce que l'Allemagne se trouve à la veille d'une révolution bourgeoise, parce qu'elle accomplira cette révolution dans des conditions plus avancées de la civilisation européenne et avec un prolétariat infiniment plus développé que l'Angleterre au XVIIe et la France au XVIIIe siècle, et que, par conséquent, la révolution bourgeoise allemande ne saurait être que le prélude immédiat d'une révolution prolétarienne. »*

Autrement dit, le centre du mouvement révolutionnaire se déplaçait vers l'Allemagne.

On ne saurait guère douter que précisément cette circonstance, signalée par Marx dans le passage cité, fût la cause probable de ce que l'Allemagne devint la patrie du socialisme scientifique, et les chefs du prolétariat allemand — Marx et Engels — ses créateurs.

Il faut en dire autant, mais à un plus haut degré encore, de la Russie du début du XXe siècle. La Russie était, à cette époque, à la veille d'une révolution bourgeoise ; elle devait faire cette révolution dans le cadre d'une Europe plus avancée et avec un prolétariat plus développé que dans l'Allemagne des années 40 du XIXe siècle (sans parler même de l'Angleterre et de la France); et tout portait à croire que cette révolution allait devenir le ferment et le prélude de la révolution prolétarienne. Ce n'est pas par hasard que dès 1902, alors que la révolution russe ne faisait que s'amorcer, Lénine dans Que faire ? écrivait ces mots prophétiques :

L'histoire nous assigne maintenant [c'est-à-dire aux marxistes russes. J. Staline.] une tâche immédiate, la plus révolutionnaire de toutes les tâches immédiates du prolétariat de n'importe quel autre pays... L'accomplissement de cette tâche, la destruction du rempart le plus puissant non seulement de la réaction européenne, mais aussi (nous pouvons le dire à présent) de la réaction asiatique, ferait du prolétariat russe l'avant-garde du prolétariat révolutionnaire international. (Oeuvres, t. IV, p. 382, 3e éd. russe.)

Autrement dit, le centre du mouvement révolutionnaire devait se déplacer vers la Russie.

On sait que le cours de la révolution en Russie a justifié amplement cette prédiction de Lénine.

Faut-il s'étonner après cela qu'un pays qui a fait une telle révolution et possédant un tel prolétariat, ait été la patrie de la théorie et de la tactique de la révolution prolétarienne ?

Faut-il s'étonner que le chef du prolétariat de Russie, Lénine, soit devenu en même temps le créateur de cette théorie et de cette tactique, le chef du prolétariat international ?

II. La méthode

J'ai dit plus haut qu'entre Marx et Engels d'une part, et Lénine de l'autre, s'étendait toute une période de domination de l'opportunisme de la IIe Internationale. Pour préciser, je dois ajouter qu'il ne s'agit pas ici d'une domination purement formelle de l'opportunisme, mais bien de sa domination effective. Formellement, à la tête de la IIe Internationale se trouvaient des marxistes «fidèles», des «orthodoxes», Kautsky et autres. Mais en réalité le travail essentiel de la IIe Internationale suivait la ligne de l'opportunisme. Les opportunistes, en raison de leur nature petite-bourgeoise portée aux accommodements, s'accommodaient à la bourgeoisie; les «orthodoxes», à leur tour, s'accommodaient aux opportunistes dans l'intérêt du «maintien de l'unité» avec eux, dans l'intérêt de la «paix au sein du Parti». Résultat: l'opportunisme dominait, car la chaîne reliant la politique de la bourgeoisie à celle des «orthodoxes» était continue.

Ce fut une période de développement relativement pacifique du capitalisme, une période d'avant-guerre pour ainsi dire, où les contradictions catastrophiques de l'impérialisme n'avaient pas encore eu le temps de se révéler avec une entière évidence; où les grèves économiques des ouvriers et les syndicats se développaient d'une façon plus ou moins «normale»; où la lutte électorale et les fractions parlementaires accusaient des succès «vertigineux»; où les formes légales de lutte étaient portées aux nues, et où l'on comptait «tuer» le capitalisme par la légalité ; en un mot, une période où les partis de la IIe Internationale s'empâtaient et ne voulaient point songer sérieusement à la révolution, à la dictature du prolétariat, à l'éducation révolutionnaire des masses.

Au lieu d'une théorie révolutionnaire cohérente, des thèses théoriques contradictoires, des fragments de théorie détachés de la lutte révolutionnaire vivante des masses et devenus des dogmes vétustes. Evidemment, pour sauver les apparences, on se référait à la théorie de Marx, mais c'était pour la vider de son âme révolutionnaire vivante.

Au lieu d'une politique révolutionnaire, un philistinisme débile, une politicaillerie mesquine, une diplomatie parlementaire et des combinaisons parlementaires. Evidemment, pour sauver les apparences, on adoptait des résolutions et des mots d'ordre «révolutionnaires», mais c'était pour les enfouir dans les tiroirs.

La méthode

Au lieu d'éduquer le Parti et de lui apprendre la juste tactique révolutionnaire par l'expérience de ses propres fautes, on éludait soigneusement les questions angoissantes, on les estompait et on les escamotait. Evidemment, pour sauver les apparences, on ne se refusait pas à toucher aux questions angoissantes, mais c'était pour aboutir à quelque résolution «élastique».

Telles étaient la physionomie, la méthode de travail et les armes de la IIe Internationale.

Cependant une nouvelle période, une période de guerres impérialistes et de combats révolutionnaires du prolétariat approchait. Les anciennes méthodes de lutte s'avéraient manifestement insuffisantes et sans force devant la toute-puissance du capital financier.

Il importait de réviser toute l'activité de la IIe Internationale, sa méthode de travail, d'en expulser l'esprit philistin, l'étroitesse mesquine, la politicaillerie, l'esprit de reniement, le social-chauvinisme, le social-pacifisme. Il importait de vérifier tout l'arsenal de la IIe Internationale, d'en rejeter tout ce qui était rouillé et vétuste, de forger de nouvelles armes. Sans ce travail préliminaire, il était inutile de partir en guerre contre le capitalisme. Sans cela, le prolétariat risquait de se trouver insuffisamment armé ou même simplement désarmé en face des nouvelles batailles révolutionnaires.

C'est au léninisme qu'échut l'honneur de procéder à la vérification générale et au nettoyage général des écuries d'Augias de la IIe Internationale. Voilà dans quelles conditions est née et s'est forgée la méthode du léninisme. A quoi se ramènent les exigences de cette méthode ?

Premièrement, à la vérification des dogmes théoriques de la IIe Internationale dans le feu de la lutte révolutionnaire des masses, dans le feu de la pratique vivante, c'est-à-dire au rétablissement de l'unité compromise entre la théorie et la pratique, à la suppression de la rupture existant entre elles, car c'est ainsi seulement que l'on peut créer un parti véritablement prolétarien, armé d'une théorie révolutionnaire.

Deuxièmement, à la vérification de la politique des partis de la IIe Internationale, non pas sur leurs mots d'ordre et résolutions (auxquels on ne peut prêter foi), mais sur leurs œuvres, sur leurs actes, car c'est ainsi seulement que l'on peut conquérir et mériter la confiance des masses prolétariennes.

Troisièmement, à la réorganisation de tout le travail du Parti sur un mode nouveau, révolutionnaire, dans le sens de l'éducation et de la préparation des masses à la lutte révolutionnaire, car c'est ainsi seulement que l'on peut préparer les masses à la révolution prolétarienne.

Quatrièmement, à l'autocritique des partis prolétariens, à leur instruction et à leur éducation par l'expérience de leurs

La méthode

propres fautes, car c'est ainsi seulement que l'on peut former de véritables cadres et de véritables leaders du Parti.

Telles sont la base et l'essence de la méthode du léninisme.

Comment cette méthode a-t-elle été appliquée dans la pratique ?

Les opportunistes de la IIe Internationale professent une série de dogmes théoriques, qu'ils reprennent toujours comme une antienne. Prenons quelques-uns d'entre eux:

Premier dogme : sur les conditions de la prise du pouvoir par le prolétariat. Les opportunistes assurent que le prolétariat ne peut ni ne doit prendre le pouvoir, s'il ne constitue pas lui-même la majorité dans le pays. De preuves, aucune; car on ne saurait justifier ni théoriquement, ni pratiquement cette thèse absurde. Admettons, répond Lénine à ces messieurs de la IIe Internationale. Mais advienne une situation historique (guerre, crise agraire, etc.) dans laquelle le prolétariat, qui forme la minorité de la population, aurait la possibilité de grouper autour de lui l'immense majorité des masses laborieuses, pourquoi ne prendrait-il pas le pouvoir ? Pourquoi le prolétariat ne profiterait- il pas de la situation internationale et intérieure favorable, pour percer le front du Capital et hâter le dénouement général ? Marx n'a-t-il pas dit, déjà vers 1850, que la révolution prolétarienne en Allemagne serait en «excellente» posture si l'on pouvait, pour ainsi dire, aider la révolution prolétarienne par «une réédition de la guerre des paysans» ? En est-il qui ignorent que les prolétaires étaient alors relativement moins nombreux en Allemagne que, par exemple, dans la Russie de 1917 ? La pratique de la révolution prolétarienne russe n'a-t-elle pas montré que ce dogme cher aux héros de la IIe Internationale est dénué de toute signification vitale pour le prolétariat ? N'est-il pas clair que la pratique de la lutte révolutionnaire des masses bat et enfonce ce dogme vétuste ?

Deuxième dogme : le prolétariat ne peut garder le pouvoir s'il ne dispose, en quantité suffisante, de cadres tout prêts, de gens cultivés et d'administrateurs capables d'organiser la gestion du pays; donc, il faut d'abord former ces cadres sous le capitalisme pour, ensuite, prendre le pouvoir. Admettons, répond Lénine; mais pourquoi ne pourrait- on pas retourner le problème: prendre d'abord le pouvoir, créer des conditions favorables au développement du prolétariat, et, ensuite, chausser des bottes de sept lieues et aller de l'avant, afin d'élever le niveau culturel des masses travailleuses, de former de nombreux cadres de dirigeants et d'administrateurs sortis des milieux ouvriers? La pratique russe n'a-t-elle pas montré que les cadres de dirigeants sortis des milieux ouvriers se développent cent fois mieux et plus vite sous le pouvoir prolétarien que sous le pouvoir du Capital? N'est-il pas clair que la pratique de la lutte révolutionnaire des masses enfonce impitoyablement aussi ce dogme théorique des opportunistes ?

La méthode

Troisième dogme : la méthode de la grève politique générale est inacceptable pour le prolétariat, étant théoriquement inconsistante (voir la critique d'Engels), pratiquement dangereuse (elle peut troubler le cours régulier de la vie économique du pays, elle peut vider les caisses des syndicats); elle ne peut remplacer les formes parlementaires de lutte, qui sont la forme principale de la lutte de classe du prolétariat. Bon! répondent les léninistes. Mais, premièrement, Engels n'a pas critiqué toute grève générale; il a critiqué seulement un certain genre de grève générale, la grève générale économique des anarchistes, que les anarchistes préconisaient en remplacement de la lutte politique du prolétariat, — que vient faire ici la méthode de la grève politique générale ? Deuxièmement, par qui et où a-t-il été prouvé que la forme parlementaire de lutte est la principale forme de lutte du prolétariat? L'histoire du mouvement révolutionnaire ne montre-t-elle pas que la lutte parlementaire n'est qu'une école et qu'un moyen auxiliaire pour l'organisation de la lutte extra-parlementaire du prolétariat; qu'en régime capitaliste les questions essentielles du mouvement ouvrier sont résolues par la force, par la lutte directe des masses prolétariennes, par leur grève générale, par leur insurrection ? Troisièmement, où a-t-on été chercher la question du remplacement de la lutte parlementaire par la méthode de la grève politique générale? Où et quand les partisans de la grève politique générale ont-ils tenté de remplacer les formes parlementaires de lutte par les formes de lutte extra-parlementaires? Quatrièmement, la révolution en Russie n'a-t-elle pas montré que la grève politique générale est la plus grande école de la révolution prolétarienne et un moyen souverain de mobilisation et d'organisation des grandes masses du prolétariat à la veille de l'assaut des citadelles du capitalisme? Alors, que viennent faire ici les doléances philistines sur la désorganisation du cours régulier de la vie économique et sur les caisses des syndicats? N'est-il pas clair que la pratique de la lutte révolutionnaire brise également ce dogme des opportunistes ?

Etc., etc.

Voilà pourquoi Lénine disait que «la théorie révolutionnaire n'est pas un dogme», qu'«elle ne se forme définitivement qu'en liaison étroite avec la pratique d'un mouvement réellement massif et réellement révolutionnaire» (la Maladie infantile), car la théorie doit servir la pratique, car «la théorie doit répondre aux questions mises en avant par la pratique» (les Amis du peuple), car elle doit être vérifiée par les données de la pratique.

En ce qui concerne les mots d'ordre politiques et les décisions politiques des partis de la IIe Internationale, il suffit de se rappeler l'histoire du mot d'ordre: «Guerre à la guerre», pour comprendre toute l'hypocrisie, toute la pourriture de la politique pratiquée par ces partis, qui masquent leur œuvre antirévolutionnaire sous de pompeux mots d'ordre et résolutions révolutionnaires. Tous ont présent à l'esprit la pompeuse démonstration de la IIe Internationale au congrès de Bâle, où les impérialistes furent menacés, s'ils osaient déclencher la guerre, de toutes les horreurs de l'insurrection, et où fut formulé le mot d'ordre redoutable: «Guerre à la guerre». Mais qui ne se souvient que, quelque temps après, au seuil même de la guerre, la résolution de Bâle était enfouie dans les tiroirs, et un nouveau mot d'ordre lancé aux ouvriers, de s'exterminer les uns les autres pour la gloire de la patrie capitaliste ? N'est-il pas clair que les mots d'ordre et résolutions révolutionnaires ne valent pas un liard s'ils ne sont corroborés par des actes ? Il suffit de comparer la politique léniniste de transformation de la guerre impérialiste en guerre civile, à la politique de trahison de la IIe Internationale pendant la guerre, pour comprendre toute la platitude des politiciens de l'opportunisme, toute la grandeur de la méthode du léninisme.

Je ne puis m'empêcher de citer ici un passage de l'ouvrage de Lénine la <u>Révolution prolétarienne et le renégat Kautsky</u>, dans lequel il flagelle âprement le leader de la IIe Internationale, K. Kautsky, pour sa tentative opportuniste de juger des partis non pas selon leurs actes, mais selon leurs mots d'ordre et résolutions sur le papier :

Kautsky fait une politique typiquement petite-bourgeoise, philistine, en s'imaginant… que la proclamation d'un mot d'ordre change quelque chose à l'affaire. Toute l'histoire de la démocratie bourgeoise dénonce cette illusion: pour tromper le peuple, les démocrates bourgeois ont toujours formulé et formulent toujours tous les «mots d'ordre» que l'on veut. Il s'agit de vérifier leur sincérité, de confronter les actes avec les paroles, de ne pas se contenter de phrases idéalistes ou charlatanesques, mais d'en rechercher le réel contenu de classe. (T. XXIII, p. 377.)

Je ne parle même pas de la crainte de l'autocritique qu'ont les partis de la IIe Internationale, de leur manière de dissimuler leurs fautes, d'estomper les questions angoissantes, de voiler leurs lacunes par l'étalage trompeur d'un état de choses prétendu satisfaisant, qui émousse la pensée vivante et freine l'éducation révolutionnaire du parti par l'expérience de ses propres erreurs, — manière raillée et clouée au pilori par Lénine. Voici ce qu'écrivait Lénine sur l'autocritique des partis prolétariens dans sa brochure la Maladie infantile :

"L'attitude d'un parti politique en face de ses erreurs est un des critériums les plus importants et les plus sûrs pour juger si ce parti est sérieux et s'il remplit réellement ses obligations envers sa classe et envers les masses laborieuses. Reconnaître ouvertement son erreur, en découvrir les causes, analyser la situation qui lui a donné naissance, examiner attentivement les moyens de corriger cette erreur, voilà la marque d'un parti sérieux, voilà ce qui s'appelle, pour lui, remplir ses obligations, éduquer et instruire la classe et puis les masses."

(T. XXV, p. 200.)

D'aucuns disent que la révélation de ses propres erreurs et l'autocritique sont dangereuses pour le Parti, car les adversaires pourraient s'en servir contre le parti du prolétariat. Lénine considérait de pareilles objections comme dénuées de sérieux et absolument fausses. Voici ce qu'il disait à ce propos déjà en 1904, dans sa brochure Un pas en avant, deux pas en arrière, alors que notre Parti était encore faible et peu nombreux :

"Ils [c'est-à-dire les adversaires des marxistes. J. Staline.] *exultent et font les pitres à la vue de nos discussions; évidemment, ils s'efforceront de brandir, pour les faire servir à leurs fins, tels passages de ma brochure consacrée aux défauts et aux lacunes de notre Parti. Les social-démocrates russes sont déjà suffisamment rompus aux batailles pour ne pas se laisser troubler par ces coups d'épine, pour poursuivre, malgré cela, leur travail d'autocritique et continuer à dévoiler sans ménagement leurs propres lacunes qui seront comblées nécessairement et sans faute par la croissance du mouvement ouvrier."*

(T. VI, p. 161.)

Tels sont, en somme, les traits caractéristiques de la méthode du léninisme.

Ce que donne la méthode de Lénine se trouvait déjà, quant à l'essentiel, dans la doctrine de Marx, doctrine qui, comme le dit Marx, est «critique et révolutionnaire en son essence». C'est précisément cet esprit critique et révolutionnaire qui pénètre d'un bout à l'autre la méthode de Lénine. Mais il serait faux de croire que la méthode de Lénine est une simple reconstitution de ce qu'a donné Marx. En réalité, la méthode de Lénine n'est pas seulement la reconstitution, c'est encore la concrétisation et le développement continu de la méthode critique et révolutionnaire de Marx, de sa dialectique matérialiste.

III. La théorie

De ce thème je retiendrai trois questions :

     a)   importance de la théorie pour le mouvement prolétarien ;

     b)   critique de la «théorie» de la spontanéité;

     c)   théorie de la révolution prolétarienne.

1.   **Importance de la théorie.** D'aucuns pensent que le léninisme est le primat de la pratique sur la théorie, en ce sens que l'essentiel dans le léninisme est l'application des principes marxistes, la «mise en oeuvre» de ces principes; et quant à la théorie, le léninisme s'en soucierait fort peu. On sait que Plékhanov a plus d'une fois raillé l'«insouciance» de Lénine pour la théorie, et particulièrement pour la philosophie. On sait, d'autre part, que la théorie n'est guère en faveur auprès de nombreux praticiens léninistes d'aujourd'hui, surtout à cause du prodigieux travail pratique que leur imposent les circonstances. Je dois déclarer que cette opinion plus qu'étrange sur Lénine et le léninisme est absolument fausse et ne correspond aucunement à la réalité, que la tendance des praticiens à se désintéresser de la théorie est absolument contraire à l'esprit du léninisme et comporte de grands dangers pour la cause.

La théorie

La théorie est l'expérience du mouvement ouvrier de tous les pays, prise sous sa forme générale. Evidemment, la théorie devient sans objet si elle n'est pas rattachée à la pratique révolutionnaire ; de même, exactement, que la pratique devient aveugle si sa voie n'est pas éclairée par la théorie révolutionnaire. Mais la théorie peut devenir une force immense du mouvement ouvrier, si elle se forme en liaison indissoluble avec la pratique révolutionnaire, car elle, et elle seule, peut donner au mouvement l'assurance, la force de l'orientation et l'intelligence de la liaison interne des événements en cours; car elle, et elle seule, peut aider la pratique à comprendre, non seulement dans quelle direction et comment se meuvent les classes au moment présent, mais aussi dans quelle direction et comment elles devront se mouvoir dans le plus proche avenir. Lénine lui- même a dit et répété maintes fois cette thèse connue que **« sans théorie révolutionnaire, pas de mouvement révolutionnaire[1] ».**

(Que faire? t. IV, p. 380.)

Mieux que personne, Lénine a compris la grande importance de la théorie, surtout pour un parti comme le nôtre, étant donné le rôle de combattant d'avant-garde du prolétariat international qui lui incombe, et aussi la complexité de la situation intérieure et internationale où il se trouve.

---

[1] Souligné par moi. J. Staline.

La théorie

Prévoyant ce rôle spécial de notre Parti dès 1902, il jugeait nécessaire de rappeler alors que

«seul un parti guidé par une théorie d'avant-garde peut remplir le rôle de combattant d'avant-garde».

(Ibidem.)

Il est à peine besoin de démontrer que, maintenant que cette prédiction de Lénine sur le rôle de notre Parti s'est réalisée, cette thèse de Lénine acquiert une force et une importance particulières.

Peut-être devrait-on considérer comme l'expression la plus éclatante de la haute importance que Lénine attachait à la théorie, le fait que Lénine lui-même a entrepris une tâche des plus sérieuses, à savoir la généralisation dans la philosophie matérialiste de ce que la science a donné de plus important depuis Engels jusqu'à Lénine, ainsi que la critique approfondie des courants antimatérialistes parmi les marxistes. Engels disait que

«le matérialisme est obligé de prendre un nouvel aspect à chaque nouvelle grande découverte». On sait que Lénine lui-même s'est acquitté de cette tâche, pour son temps, dans son ouvrage remarquable : **Matérialisme et empiriocriticisme.** On sait que Plékhanov, qui aimait à railler l'«insouciance» de Lénine pour la philosophie, ne s'est pas risqué même à aborder sérieusement une telle tâche.

2.	**Critique de la «théorie» de la spontanéité, ou à propos du rôle de l'avant-garde dans le mouvement.** La «théorie» de la spontanéité est la théorie de l'opportunisme, la théorie du culte de la spontanéité du mouvement ouvrier, la théorie de la négation, en fait, du rôle dirigeant de l'avant-garde de la classe ouvrière, du parti de la classe ouvrière.

La théorie du culte de la spontanéité s'oppose résolument au caractère révolutionnaire du mouvement ouvrier; elle s'oppose à ce que le mouvement s'oriente vers la lutte contre les bases du capitalisme — elle est pour que le mouvement suive exclusivement la ligne des revendications «réalisables», «acceptables» pour le capitalisme, elle est entièrement pour la «ligne du moindre effort». La théorie de la spontanéité, c'est l'idéologie du trade-unionisme.

La théorie du culte de la spontanéité s'oppose résolument à ce qu'il soit donné au mouvement spontané un caractère conscient, méthodique ; elle s'oppose à ce que le Parti marche en tête de la classe ouvrière, à ce que le Parti élève les masses jusqu'à les rendre conscientes, à ce que le Parti mène le mouvement derrière lui. Elle est pour que les éléments conscients du mouvement n'empêchent pas ce dernier de suivre son cours ; elle est pour que le Parti se borne à observer le mouvement spontané et se traîne à sa remorque. La théorie de la spontanéité, c'est la théorie de la diminution du rôle de l'élément conscient dans le mouvement, l'idéologie du «suivisme», la base logique de tout opportunisme.

Pratiquement, cette théorie, qui était entrée en scène dès avant la première révolution de Russie, aboutissait à ceci que ses partisans, dits les «économistes», niaient la nécessité d'un parti ouvrier indépendant en Russie, s'élevaient contre la lutte révolutionnaire de la classe ouvrière pour le renversement du tsarisme, prêchaient la politique tradeunioniste dans le mouvement et, en général, mettaient le mouvement ouvrier sous l'hégémonie de la bourgeoisie libérale.

La lutte de la vieille **Iskra** et la brillante critique de la théorie du «suivisme» donnée par Lénine dans sa brochure <u>Que faire ?</u> ont non seulement battu l'«économisme», mais encore créé les bases théoriques d'un mouvement véritablement révolutionnaire de la classe ouvrière russe.

Sans cette lutte, il eût été inutile même de songer à la création en Russie d'un parti ouvrier indépendant et à son rôle dirigeant dans la révolution.

Mais la théorie du culte de la spontanéité n'est pas un phénomène uniquement russe. Elle est très largement répandue, sous une forme un peu différente il est vrai, dans tous les partis sans exception de la IIe Internationale. Je parle ici de la théorie dite des «forces de production», théorie qui, avilie par les leaders de la IIe Internationale, justifie tout et concilie tout le monde; qui constate les faits et les explique lorsque tout le monde en a déjà assez, et qui se tranquillise après les avoir constatés. Marx disait que la théorie matérialiste ne peut se borner à expliquer le monde, qu'elle doit encore le transformer. Mais Kautsky et Cie n'en ont cure ; ils préfèrent s'en tenir à la première partie de la formule de Marx.

Voici un des nombreux exemples de l'application de cette «théorie». On dit qu'avant la guerre impérialiste, les partis de la IIe Internationale avaient menacé de déclarer «la guerre à la guerre» si les impérialistes commençaient la guerre. On dit qu'au seuil même de la guerre ces partis ont enfoui, dans les tiroirs le mot d'ordre : «Guerre à la guerre» et réalisé le mot d'ordre opposé: «Guerre pour la patrie impérialiste». On dit que ce changement de mot d'ordre entraîna la mort de millions d'ouvriers. Mais on aurait tort de croire qu'il y a là des coupables, qu'il en est qui ont trahi ou livré la classe ouvrière. Pas le moins du monde! Tout s'est passé comme cela devait se passer. Premièrement, parce que l'Internationale est, paraît-il, un «instrument de paix», et non de guerre. En second lieu, parce qu'avec le «niveau des forces de production» qui existait alors, il était impossible d'entreprendre rien d'autre. La «faute» en est aux «forces de production». C'est ce que «nous» explique exactement la «théorie des forces de production» de monsieur Kautsky. Or, qui n'a pas foi en cette «théorie» n'est pas marxiste. Le rôle des partis? Leur importance dans le mouvement? Mais que peut bien faire un parti en présence d'un facteur aussi décisif que le «niveau des forces de production»?...

On pourrait citer une foule de ces exemples de falsification du marxisme.

Il est à peine besoin de démontrer que ce «marxisme» falsifié, destiné à voiler la nudité de l'opportunisme, n'est qu'une variété de cette même théorie du «suivisme» accommodée à la mode européenne et que Lénine avait combattue dès avant la première révolution russe.

Il est à peine besoin de démontrer que la destruction de cette falsification de la théorie est la condition préalable de la création de partis véritablement révolutionnaires en Occident.

3.   **Théorie de la révolution prolétarienne.** La théorie léniniste de la révolution prolétarienne part de trois thèses fondamentales.

Première thèse. — La domination du capital financier dans les pays capitalistes avancés; l'émission de valeurs comme une des principales opérations du capital financier; l'exportation des capitaux vers les sources de matières premières, qui est un des fondements de l'impérialisme; la toute-puissance de l'oligarchie financière, comme résultat de la domination du capital financier, tout cela révèle le caractère brutalement parasitaire du capitalisme monopolisateur, rend cent fois plus sensible le joug des trusts et consortiums capitalistes, accroît l'indignation de la classe ouvrière contre les fondements du capitalisme, amène les masses à la révolution prolétarienne, unique moyen de salut. (Voir l'<u>Impérialisme</u> de Lénine.)

De là une première conclusion : aggravation de la crise révolutionnaire dans les pays capitalistes, éléments d'explosion de plus en plus nombreux sur le front intérieur, prolétarien, dans les «métropoles».

Deuxième thèse. — L'exportation accrue des capitaux dans les pays coloniaux et dépendants, l'extension des «sphères d'influence» et des possessions coloniales à l'ensemble du globe; la transformation du capitalisme en un système mondial d'asservissement financier et d'oppression coloniale de l'immense majorité de la population du globe, par une poignée de pays «avancés» — tout cela a, d'une part, fait des diverses économies nationales et des divers territoires nationaux, les anneaux d'une chaîne unique, appelée économie mondiale, et, d'autre part, scindé la population du globe en deux camps: une poignée de pays capitalistes «avancés», qui exploitent et oppriment de vastes colonies et pays dépendants, et une majorité énorme de pays coloniaux et dépendants obligés de mener la lutte pour s'affranchir du joug impérialiste. (Voir l'Impérialisme.)

De là une deuxième conclusion : aggravation de la crise révolutionnaire dans les pays coloniaux, éléments de révolte de plus en plus nombreux contre l'impérialisme sur le front extérieur, colonial.

Troisième thèse. — La possession monopolisée des «sphères d'influence» et des colonies; le développement inégal des pays capitalistes, qui conduit à une lutte forcenée pour un nouveau partage du monde entre les pays ayant déjà accaparé des territoires et ceux qui désirent recevoir leur «part»; les guerres impérialistes, comme unique moyen de rétablir l'«équilibre» compromis, — tout cela conduit à l'aggravation de la lutte sur le troisième front, entre les puissances capitalistes, ce qui affaiblit l'impérialisme et facilite l'union des deux premiers fronts contre l'impérialisme: le front prolétarien révolutionnaire et le front de l'affranchissement colonial. (Voir l'**Impérialisme.**)

De là une troisième conclusion : l'inéluctabilité des guerres sous l'impérialisme, et la coalition inévitable de la révolution prolétarienne en Europe avec la révolution coloniale en Orient formant un front unique mondial de la révolution contre le front mondial de l'impérialisme.

Toutes ces conclusions, chez Lénine, sont réunies en cette conclusion générale que

«l'impérialisme est la veille de la révolution socialiste[2]».
(Préface de l'Impérialisme, stade suprême du capitalisme, t. XIX, p. 71.)

En conséquence, se modifie la façon même d'envisager la question de la révolution prolétarienne, du caractère de la révolution, de son étendue, de sa profondeur; se modifie le schéma de la révolution en général.

Autrefois, on abordait ordinairement l'analyse des conditions préalables de la révolution prolétarienne du point de vue de la situation économique de tel ou tel pays pris à part. Maintenant, cette façon de traiter la question ne suffit plus. Il faut, maintenant, envisager la chose du point de vue de l'état économique de la totalité ou de la majorité des pays, du point de vue de l'état de l'économie mondiale, car pays et économies nationales ont cessé d'être des unités se suffisant à elles-mêmes; ils sont devenus les anneaux d'une chaîne unique appelée économie mondiale; car l'ancien capitalisme «civilisé» s'est développé en impérialisme; or, l'impérialisme est le système mondial de l'asservissement financier et de

---

[2] Souligné par moi. J. Staline

l'oppression coloniale de l'immense majorité de la population du globe par une poignée de pays «avancés».

Autrefois, on avait coutume de parler de l'existence ou de l'absence de conditions objectives pour la révolution prolétarienne dans les différents pays ou, plus exactement, dans tel ou tel pays développé. Maintenant, ce point de vue ne suffit plus. Il faut parler maintenant de l'existence de conditions objectives pour la révolution dans l'ensemble du système de l'économie impérialiste mondiale, comme un tout ; de plus, l'existence dans le corps de ce système de quelques pays insuffisamment développés sous le rapport industriel, ne peut être un obstacle insurmontable à la révolution si le système dans son ensemble ou, plus exactement, parce que le système dans son ensemble est déjà mûr pour la révolution.

Autrefois on avait coutume de parler de la révolution prolétarienne, dans tel ou tel pays développé, comme d'une certaine grandeur absolue opposée à tel front national du Capital, comme à son antipode. Maintenant, ce point de vue ne suffit plus. Il faut parler maintenant de la révolution prolétarienne mondiale, car les différents fronts nationaux du Capital sont devenus les anneaux d'une chaîne unique, appelée front mondial de l'impérialisme et à laquelle doit être opposé le front commun du mouvement révolutionnaire de tous les pays.

La théorie

Autrefois on considérait la révolution prolétarienne comme le résultat du seul développement intérieur d'un pays donné. Maintenant, ce point de vue ne suffit plus. Il faut maintenant considérer la révolution prolétarienne avant tout comme le résultat du développement des contradictions dans le système mondial de l'impérialisme, comme le résultat de la rupture de la chaîne du front impérialiste mondial dans tel ou tel pays.

Où commencera la révolution? Où, dans quel pays, peut être percé en premier lieu le front du Capital?

Là où l'industrie est le plus développée, où le prolétariat forme la majorité, où il y a plus de culture, plus de démocratie, répondait-on généralement autrefois.
Non — objecte la théorie léniniste de la révolution — pas nécessairement là où l'industrie est le plus développée, etc. Le front du Capital sera percé là où la chaîne de l'impérialisme est plus faible, car la révolution prolétarienne est le résultat d'une rupture de la chaîne du front impérialiste mondial en son point le plus faible, et il peut se faire que le pays qui a commencé la révolution, le pays qui a percé le front du Capital, soit moins développé sous le rapport capitaliste que les autres pays plus développés, et restés cependant, dans le cadre du capitalisme.

En 1917, la chaîne du front mondial impérialiste s'est trouvée en Russie plus faible que dans les autres pays. Et c'est là qu'elle s'est rompue, livrant passage à la révolution prolétarienne. Pourquoi ? Parce qu'en Russie se déroulait la plus grande des révolutions populaires, en tête de laquelle marchait un prolétariat révolutionnaire qui avait pour lui ce sérieux allié qu'étaient les millions de paysans opprimés et exploités par les grands propriétaires fonciers. Parce que là, la révolution avait comme adversaire ce hideux représentant de l'impérialisme qu'était le tsarisme qui, dénué de toute autorité morale, avait mérité la haine de toute la population. En Russie, la chaîne s'est trouvée être plus faible, bien que la Russie fût moins développée sous le rapport capitaliste que, par exemple, la France ou l'Allemagne, l'Angleterre ou l'Amérique.

Où la chaîne va-t-elle se rompre dans le proche avenir? Là encore où elle sera le plus faible. Il n'est pas exclu que la chaîne puisse se rompre, disons, dans l'Inde. Pourquoi? Parce qu'il y a là un jeune et ardent prolétariat révolutionnaire, qui a pour allié le mouvement de libération nationale, allié incontestablement important et incontestablement sérieux. Parce que, dans ce pays, la révolution a contre elle cet adversaire connu de tous qu'est l'impérialisme étranger, dénué de tout crédit moral et ayant mérité la haine de toutes les masses opprimées et exploitées de l'Inde.

De même, il est parfaitement possible que la chaîne se rompe en Allemagne. Pourquoi ? Parce que les facteurs qui agissent, par exemple, dans l'Inde, commencent à agir aussi en Allemagne. Et, évidemment, la différence énorme entre le niveau de développement de l'Inde et celui de l'Allemagne ne peut manquer de laisser son empreinte sur la marche et l'issue de la révolution en Allemagne.

Voilà pourquoi Lénine dit que

...les pays capitalistes d'Europe occidentale achèveront leur développement vers le socialisme... non par une «maturation» régulière du socialisme chez eux, mais par l'exploitation de tels Etats par tels autres, par l'exploitation du premier Etat vaincu dans la guerre impérialiste, exploitation jointe à celle de tout l'Orient. D'autre part, précisément par suite de cette première guerre impérialiste, l'Orient est entré définitivement en mouvement révolutionnaire et a été définitivement entraîné dans l'orbite du mouvement révolutionnaire mondial.

(«Mieux vaut moins, mais mieux», t. XXVII, pp. 415-416.)

Bref, la chaîne du front impérialiste, en règle générale, doit se rompre là où les anneaux de la chaîne sont plus faibles, et, en tout cas pas nécessairement là où le capitalisme est plus développé, où le pourcentage des prolétaires est de tant, et celui des paysans de tant, et ainsi de suite.

Voilà pourquoi les supputations statistiques sur le pourcentage prolétarien de la population dans tel ou tel pays pris à part perdent, dans la solution du problème de la révolution prolétarienne, l'importance exceptionnelle que leur attribuaient volontiers les glossateurs de la IIe

Internationale, qui n'ont pas compris ce que c'est que l'impérialisme et qui craignent la révolution comme la peste.

Poursuivons. Les héros de la IIe Internationale affirmaient (et continuent d'affirmer) qu'entre la révolution démocratique bourgeoise d'une part, et la révolution prolétarienne de l'autre, il existe un abîme ou, en tout cas, une muraille de Chine qui les sépare l'une de l'autre par un intervalle de temps plus ou moins prolongé, au cours duquel la bourgeoisie arrivée au pouvoir développe le capitalisme, tandis que le prolétariat accumule des forces et se prépare à la «lutte décisive» contre le capitalisme. On évalue ordinairement cet intervalle à des dizaines d'années, sinon davantage. Il est à peine besoin de démontrer que, dans les conditions de l'impérialisme, cette «théorie» de la muraille de Chine est dénuée de toute valeur scientifique, qu'elle n'est et ne peut être qu'un moyen de camoufler, de maquiller les convoitises contre-révolutionnaires de la bourgeoisie. Il est à peine besoin de démontrer que, dans les conditions de l'impérialisme qui porte en lui le germe de collisions et de guerres, à la «veille de la révolution socialiste», où le capitalisme «florissant» se transforme en capitalisme «agonisant» (Lénine), cependant que le mouvement révolutionnaire croît dans tous les pays du monde; où l'impérialisme s'allie à toutes les forces réactionnaires sans exception, jusques et y compris le tsarisme et le régime du servage, et rend par là même nécessaire la coalition de toutes les forces révolutionnaires depuis le mouvement prolétarien en Occident jusqu'au mouvement de libération nationale en Orient; où la destruction des survivances du régime féodal devient impossible sans une lutte révolutionnaire contre l'impérialisme, — il est à peine besoin de démontrer que, dans ces conditions, la révolution démocratique bourgeoise ne peut manquer, dans un pays plus ou moins développé, de se rapprocher de la révolution prolétarienne, que la première doit se transformer en la seconde. L'histoire de la révolution en Russie a démontré avec évidence que cette thèse est juste et incontestable. Ce n'est pas sans raison que, déjà en 1905, à la veille de la première révolution russe, Lénine représentait, dans sa brochure Deux Tactiques, la révolution démocratique bourgeoise et la révolution socialiste comme deux anneaux d'une seule chaîne, comme un tableau unique, un tableau d'ensemble de l'envergure de la révolution russe :

> *« Le prolétariat doit faire jusqu'au bout la révolution démocratique, en s'adjoignant la masse paysanne, pour écraser par la force la résistance de l'autocratie et paralyser l'instabilité de la bourgeoisie. Le prolétariat doit faire la révolution socialiste en s'adjoignant la masses des éléments semi-prolétariens de la population, pour briser par la force la résistance de la bourgeoisie et paralyser l'instabilité de la paysannerie et de la petite bourgeoisie. Telles sont les tâches du prolétariat, tâches que les gens de la nouvelle Iskra présentent d'une façon si étriquée dans tous leurs raisonnements et toutes leurs résolutions sur l'envergure de la révolution. »*

(T. VIII, p. 96.)

Je ne parle même pas des autres ouvrages, plus récents, de Lénine, dans lesquels l'idée de la transformation de la révolution bourgeoise en révolution prolétarienne apparaît avec plus de relief que dans <u>Deux Tactiques</u>, comme une des pierres angulaires de la théorie léniniste de la révolution.

Certains camarades, paraît-il, croient que Lénine n'est venu à cette idée qu'en 1916 ; que jusqu'alors il aurait estimé que la révolution, en Russie, se confinerait dans le cadre bourgeois; que, par conséquent, le pouvoir passerait des mains de l'organe de la dictature du prolétariat et de la paysannerie aux mains de la bourgeoisie, et non du prolétariat. On dit que cette affirmation a même pénétré dans notre presse communiste. Je dois dire que cette affirmation est tout à fait fausse, qu'elle ne correspond pas du tout à la réalité.

Je pourrais me référer au discours que l'on sait de Lénine, prononcé au IIIe congrès du Parti (1905), dans lequel il qualifiait la dictature du prolétariat et de la paysannerie, c'est-à-dire la victoire de la révolution démocratique, non pas comme l'«organisation de l'ordre», mais comme l'«organisation de la guerre». (Rapport sur la participation de la social-démocratie au gouvernement provisoire révolutionnaire au IIIe congrès du P.O.S.D.R., t. VII, p. 264.) Je pourrais me référer ensuite aux articles que l'on sait de Lénine «Sur le gouvernement provisoire» (1905) dans lesquels, exposant les perspectives du développement de la révolution russe, il assigne au Parti la tâche de «faire en sorte que la révolution russe soit non pas un mouvement de quelques mois, mais un mouvement de nombreuses années; qu'elle n'aboutisse pas seulement à de menues concessions de la part des détenteurs du pouvoir, mais au renversement complet de ce pouvoir», articles dans lesquels, développant plus avant cette perspective et la rattachant à la révolution en Europe, Lénine continue:

> *« Et si l'on y parvient, alors... alors l'incendie révolutionnaire embrasera l'Europe; l'ouvrier européen, las de souffrir de la réaction bourgeoise, se lèvera à son tour et nous montrera «comment on s'y prend»; alors, l'essor révolutionnaire en Europe exercera sur la Russie un choc en retour et, d'une époque de plusieurs années révolutionnaires, fera une époque de plusieurs dizaines d'années révolutionnaires... »*
>
> («La social-démocratie et le gouvernement provisoire révolutionnaire», t. VII, p. 191.)

Je pourrais me référer ensuite à l'article que l'on sait de Lénine, publié en novembre 1915, et dans lequel il écrit :

> *« Le prolétariat lutte et luttera avec abnégation pour la conquête du pouvoir, pour la République, pour la confiscation des terres... pour faire participer les «masses populaires non prolétariennes» à l'affranchissement de la Russie bourgeoise du joug de l'«impérialisme» militaire-féodal (= le tsarisme). Et le prolétariat profitera immédiatement[3]. de cet affranchissement de la Russie bourgeoise du joug du tsarisme, du pouvoir des grands propriétaires fonciers sur la terre, non pour aider les paysans aisés dans leur lutte contre les ouvriers agricoles, mais pour accomplir la révolution socialiste en alliance avec les prolétaires d'Europe. »*
>
> («Les deux lignes de la révolution», t. XVIII, p. 318.)

---

[3] Souligné par moi. J. Staline.

Je pourrais enfin me référer à un passage que l'on sait de la brochure la Révolution prolétarienne et le <u>renégat Kautsky</u>, où Lénine, se référant au passage cité ci- dessus de <u>Deux Tactiques</u> sur l'envergure de la révolution russe, arrive à la conclusion suivante :

Tout s'est passé exactement comme nous l'avions dit. Le cours de la révolution a confirmé la justesse de notre raisonnement. D'abord avec «toute» la paysannerie contre la monarchie, contre les grands propriétaires fonciers, contre la féodalité (et la révolution reste pour autant bourgeoise, démocratique bourgeoise). Ensuite, avec la paysannerie pauvre, avec le semi-prolétariat, avec tous les exploités, contre le capitalisme, y compris les riches campagnards, les koulaks, les spéculateurs ; et la révolution devient pour autant socialiste. Vouloir dresser artificiellement une muraille de Chine entre l'une et l'autre, les séparer autrement que par le degré de préparation du prolétariat et le degré de son union avec les paysans pauvres, c'est on ne peut plus dénaturer le marxisme, l'avilir, lui substituer le libéralisme. (T. XXIII, p. 391.)

Cela suffit, je pense.

Bon! nous dira-t-on. Mais s'il en est ainsi, pourquoi Lénine a-t-il combattu l'idée de la «révolution permanente continue»?

Parce que Lénine proposait de «tirer parti jusqu'au bout» des capacités révolutionnaires de la paysannerie et d'utiliser à fond son énergie révolutionnaire pour liquider complètement le tsarisme et pour passer à la révolution prolétarienne; tandis que les partisans de la «révolution permanente» ne comprenaient pas le rôle sérieux de la paysannerie dans la révolution russe, sous-estimaient la puissance de l'énergie révolutionnaire de la paysannerie, sous-estimaient la force du prolétariat russe et son aptitude à entraîner la paysannerie à sa suite, et rendaient ainsi plus difficile l'œuvre d'affranchissement de la paysannerie de l'influence de la bourgeoisie, l'oeuvre de rassemblement de la paysannerie autour du prolétariat.

Parce que Lénine proposait de couronner l'oeuvre de la révolution par le passage du pouvoir au prolétariat, tandis que les partisans de la révolution «permanente» entendaient commencer directement par le pouvoir du prolétariat; ils ne comprenaient pas que, par là même, ils fermaient les yeux sur ce «détail» que sont les survivances du féodalisme et ne tenaient pas compte de cette force sérieuse qu'est la paysannerie russe; ils ne comprenaient pas qu'une telle politique ne pouvait que freiner la conquête de la paysannerie aux côtés du prolétariat.

Ainsi donc Lénine combattait les partisans de la révolution «permanente», non parce qu'ils affirmaient la continuité de la révolution, puisque Lénine lui-même s'en tenait au point de vue de la révolution continue, mais parce qu'ils sous-estimaient le rôle de la paysannerie, qui est la plus grande réserve du prolétariat; parce qu'ils ne comprenaient pas l'idée de l'hégémonie du prolétariat.

On ne saurait considérer l'idée de la révolution «permanente» comme une idée neuve. Elle a été formulée pour la première fois par Marx vers 1850, dans sa fameuse <u>Adresse à la Ligue des communistes</u>. C'est dans ce document que nos «permanents» ont pris l'idée de la révolution continue. Il convient de noter qu'ayant pris cette idée chez Marx, nos «permanents» l'ont quelque peu modifiée et, l'ayant modifiée, ils l'ont «abîmée» et rendue impropre à l'usage pratique. Il a fallu la main exercée de Lénine pour redresser cette erreur, prendre l'idée de la révolution continue de Marx sous sa forme pure et en faire une des pierres angulaires de la théorie léniniste de la révolution.

Après avoir énuméré dans son Adresse une série de revendications démocratiques révolutionnaires à la conquête desquelles il appelle les communistes, voici ce que Marx dit à propos de la révolution continue (permanente) :

Alors que les petits bourgeois démocrates veulent par la satisfaction du maximum des revendications précitées, terminer au plus vite la révolution, nos intérêts et notre tâche consistent à rendre la révolution permanente, tant que toutes les classes plus ou moins possédantes ne seront pas écartées du pouvoir, que le prolétariat n'aura pas conquis le pouvoir d'Etat, que les associations des prolétaires dans tous les principaux pays du monde, et non dans un pays seulement, ne seront pas développées suffisamment pour faire cesser la concurrence entre les prolétaires de ces pays, et que les forces de production, tout au moins les forces décisives, ne seront pas concentrées entre les mains des prolétaires.

La théorie

Autrement dit:

a)   Marx n'a nullement proposé de commencer la révolution dans l'Allemagne de 1850-1860 directement par le pouvoir prolétarien, contrairement aux plans de nos «permanents» russes;

b)   Marx proposait uniquement de couronner l'oeuvre de la révolution par le pouvoir d'Etat prolétarien en précipitant du haut du pouvoir, graduellement, l'une après l'autre, toutes les fractions de la bourgeoisie pour, ensuite, une fois le prolétariat au pouvoir, allumer l'incendie de la révolution dans tous les pays. A cela répond entièrement tout ce qu'a enseigné Lénine et qu'il a réalisé au cours de notre révolution, en suivant sa théorie de la révolution prolétarienne dans les conditions de l'impérialisme.

Ainsi nos «permanents» russes n'ont pas seulement sous-estimé le rôle de la paysannerie dans la révolution russe, de même que l'importance de l'idée de l'hégémonie du prolétariat; ils ont encore modifié (en l'abîmant) l'idée de la révolution «permanente» de Marx, et l'ont rendue impropre à l'usage pratique.

Voilà pourquoi Lénine raillait la théorie de nos «permanents», qu'il traitait d'«originale» et de «magnifique», en les accusant de ne pas vouloir «réfléchir aux raisons pour lesquelles dix années durant la vie avait passé à côté de cette magnifique théorie». (Lénine écrivit cet article en 1915, dix ans après l'apparition en Russie de la théorie des «permanents». Voir «Les deux lignes de la révolution», t. XVIII, p. 317.)

Voilà pourquoi Lénine considérait cette théorie comme semi-menchévique, disant qu'elle «emprunte aux bolchéviks l'appel à la lutte révolutionnaire décisive du prolétariat et à la conquête par ce dernier du pouvoir politique; aux menchéviks, la «négation» du rôle de la paysannerie». (Ibidem.)

Voilà ce qu'il en est de l'idée de Lénine sur la transformation de la révolution démocratique bourgeoise en révolution prolétarienne, sur l'utilisation de la révolution bourgeoise pour passer «immédiatement» à la révolution prolétarienne.

Poursuivons. Autrefois, l'on tenait pour impossible la victoire de la révolution dans un seul pays, car, croyait-on, pour vaincre la bourgeoisie il faut l'action commune des prolétaires de la totalité des pays avancés ou, tout au moins, de la majorité de ces pays. Maintenant, ce point de vue ne correspond plus à la réalité. Maintenant, il faut partir de la possibilité de cette victoire, puisque le développement inégal et par bonds des divers pays capitalistes dans les conditions de l'impérialisme; le développement des contradictions catastrophiques au sein de l'impérialisme, qui conduisent à des guerres inévitables; la croissance du mouvement révolutionnaire dans tous les pays du monde, tout cela conduit non seulement à la possibilité, mais aussi à la nécessité de la victoire du prolétariat dans certains pays. L'histoire de la révolution en Russie en est une preuve directe. Seulement il importe de ne pas oublier ici que le renversement de la bourgeoisie ne peut être réalisé avec succès que lorsque sont réunies certaines conditions, absolument indispensables, sans lesquelles il est inutile même de songer à la prise du pouvoir par le prolétariat.

Voici ce que dit Lénine à propos de ces conditions dans sa brochure la Maladie infantile:

« La loi fondamentale de la révolution, confirmée par toutes les révolutions et notamment par les trois révolutions russes du XIXe siècle, la voici: pour que la révolution ait lieu, il ne suffit pas que les masses exploitées et opprimées prennent conscience de l'impossibilité de vivre comme autrefois et réclament des changements. Pour que la révolution ait lieu, il faut que les exploiteurs ne puissent pas vivre et gouverner comme autrefois. C'est seulement lorsque «ceux d'en bas» ne veulent plus et que «ceux d'en haut» ne peuvent plus continuer de vivre à l'ancienne manière, c'est alors seulement que la révolution peut triompher. Cette vérité s'exprime autrement en ces termes: la révolution est impossible sans une crise nationale (affectant exploités et exploiteurs)[4]. Ainsi donc, pour qu'une révolution ait lieu, il faut: premièrement, obtenir que la majorité des ouvriers (ou, en tout cas, la majorité des ouvriers conscients, réfléchis, politiquement actifs) ait compris parfaitement la nécessité de la révolution et soit prête à mourir pour elle; il faut ensuite que les classes dirigeantes traversent une crise gouvernementale, qui entraîne dans la vie politique jusqu'aux masses les plus retardataires... affaiblit le gouvernement et rend possible pour les révolutionnaires son prompt renversement. »

---

[4] Souligné par moi. J. Staline

La théorie

Mais renverser le pouvoir de la bourgeoisie et instaurer le pouvoir du prolétariat dans un seul pays, ce n'est pas encore assurer la pleine victoire du socialisme. Ayant consolidé son pouvoir et entraîné la paysannerie à sa suite, le prolétariat du pays victorieux peut et doit édifier la société socialiste. Mais cela signifie-t-il qu'il arrivera par là même à la pleine victoire, à la victoire définitive du socialisme ? Autrement dit, cela signifie-t-il qu'il peut, par les seules forces de son pays, asseoir définitivement le socialisme et garantir pleinement le pays contre l'intervention et, partant, contre la restauration ? Evidemment non. Pour cela il est nécessaire que la révolution triomphe au moins dans quelques pays. Aussi la révolution victorieuse a-t-elle pour tâche essentielle de développer et de soutenir la révolution dans les autres pays. Aussi la révolution du pays victorieux ne doit-elle pas se considérer comme une grandeur se suffisant à elle- même, mais comme un auxiliaire, comme un moyen pour hâter la victoire du prolétariat dans les autres pays.

Cette pensée Lénine l'a exprimée en deux mots, en disant que la tâche de la révolution victorieuse consiste à faire le «maximum de ce qui est réalisable dans un seul pays pour le développement, le soutien, l'éveil de la révolution dans tous les pays». (La Révolution prolétarienne et le renégat Kautsky, t. XXIII, p. 385.) Tels sont, en somme, les traits caractéristiques de la théorie léniniste de la révolution prolétarienne.

IV. La dictature du prolétariat

De ce thème je retiendrai trois questions fondamentales :

a)   la dictature du prolétariat, instrument de la révolution prolétarienne;

b)   la dictature du prolétariat, domination du prolétariat sur la bourgeoisie;

c)   le pouvoir des Soviets, forme d'Etat de la dictature du prolétariat.

1.   **La dictature du prolétariat**, instrument de la révolution prolétarienne. La question de la dictature prolétarienne est, avant tout, la question du contenu essentiel de la révolution prolétarienne. La révolution prolétarienne, son mouvement, son envergure, ses conquêtes ne prennent chair et os que par la dictature du prolétariat. La dictature du prolétariat est l'instrument de la révolution prolétarienne,

son organe, son point d'appui le plus important, appelé à la vie d'abord pour écraser la résistance des exploiteurs renversés et consolider ses conquêtes et, en second lieu, pour mener la révolution prolétarienne jusqu'au bout, mener la révolution jusqu'à la victoire complète du socialisme. Vaincre la bourgeoisie, renverser son pouvoir, la révolution pourra bien le faire sans la dictature du prolétariat. Mais écraser la résistance de la bourgeoisie, maintenir la victoire et marcher en avant vers la victoire définitive du socialisme, la révolution ne sera plus en état de le faire si, à un certain degré de son développement, elle ne crée pas un organe spécial sous la forme de la dictature du prolétariat, comme son point d'appui fondamental.

«La question du pouvoir est la question fondamentale de toute révolution» (Lénine). Est-ce à dire que l'on doive se borner ici à prendre le pouvoir, à s'en emparer? Evidemment non. La prise du pouvoir n'est que le commencement de la tâche. La bourgeoisie, renversée dans un pays, reste longtemps encore, pour bien des raisons, plus forte que le prolétariat qui l'a renversée. C'est pourquoi le tout est de garder le pouvoir, de le consolider, de le rendre invincible. Que faut-il pour atteindre ce but ? Il est nécessaire, pour le moins, d'accomplir trois tâches principales qui se posent devant la dictature du prolétariat «au lendemain» de la victoire :

a) Briser la résistance des grands propriétaires fonciers et des capitalistes renversés et expropriés par la révolution, liquider toutes leurs tentatives de restaurer le pouvoir du Capital;

b) organiser l'oeuvre de construction en rassemblant tous les travailleurs autour du prolétariat, et orienter ce travail de façon à préparer la liquidation, la suppression des classes;

c) armer la révolution, organiser l'armée de la révolution pour la lutte contre les ennemis extérieurs, pour la lutte contre l'impérialisme.

La dictature du prolétariat est nécessaire pour réaliser, pour accomplir ces tâches.

« La transition du capitalisme au communisme, dit Lénine, c'est toute une époque historique. Tant qu'elle n'est pas terminée, les exploiteurs gardent inéluctablement l'espoir d'une restauration, espoir qui se transforme en tentatives de restauration. A la suite d'une première défaite sérieuse, les exploiteurs qui ne s'attendaient point à être renversés, qui n'en croyaient rien et n'en admettaient pas l'idée, se lancent dans la bataille avec une énergie décuplée, avec une passion furieuse, avec une haine centuplée pour reconquérir le «paradis» perdu, pour leurs familles qui menaient une si douce existence et que, maintenant, la «vile populace» condamne à la ruine et à la misère (ou au «vil» labeur...). Et derrière les capitalistes exploiteurs, c'est la grande masse de la petite bourgeoisie qui — des dizaines d'années d'expérience historique dans tous les pays en font foi — hésite et balance, qui aujourd'hui suit le prolétariat et demain,

effrayée des difficultés de la révolution, est prise de panique à la première défaite ou demi-défaite des ouvriers, s'affole, s'agite, pleurniche, court d'un camp à l'autre . »

(La Révolution prolétarienne et le renégat Kautsky,
t. XXIII, p. 355.)

La bourgeoisie a ses raisons de faire des tentatives de restauration, car, après son renversement, elle reste longtemps encore plus forte que le prolétariat qui l'a renversée.

« Si les exploiteurs, dit Lénine, ne sont battus que dans un seul pays, — et c'est là bien entendu le cas typique, la révolution simultanée dans plusieurs pays étant une rare exception, — ils restent toutefois plus forts que les exploités. »

(Ibidem, p. 354.)

En quoi réside la force de la bourgeoisie renversée?

Premièrement, «dans la force du capital international, dans les forces et la solidité des liaisons internationales de la bourgeoisie». (Lénine: la Maladie infantile du communisme (le «gauchisme»), t. XXV, p. 173.)

Deuxièmement, dans le fait que «longtemps après la révolution, les exploiteurs conservent nécessairement une série de réels et notables avantages: il leur reste l'argent (impossible de le supprimer d'un coup), quelques biens mobiliers, souvent considérables; Il leur reste des relations, des habitudes d'organisation et de gestion, la connaissance de tous les «secrets» de l'administration (coutumes, procédés, moyens, possibilités); il leur reste une instruction plus poussée, des affinités avec le haut personnel technique (bourgeois par sa vie et son idéologie); il leur reste une expérience infiniment supérieure de l'art militaire (ce qui est très important), etc., etc.» (Lénine: La Révolution prolétarienne et le renégat Kautsky, t. XXIII, p. 354.).

Troisièmement, «dans la force de l'habitude, dans la force de la petite production, car, malheureusement, il reste encore au monde une très, très grande quantité de petite production; or, la petite production engendre le capitalisme et la bourgeoisie constamment, chaque jour, à chaque heure, d'une manière spontanée et dans de vastes proportions»... car «supprimer les classes, ce n'est pas seulement chasser les grands propriétaires fonciers et les capitalistes, — ce qui nous a été relativement facile, — c'est aussi supprimer les petits producteurs de marchandises; or, ceux-ci on ne peut pas les chasser, on ne peut pas les écraser, il faut faire bon ménage avec eux. On peut (et on doit) les transformer, les rééduquer, — mais seulement par un très long travail d'organisation, très lent et très prudent». (La Maladie infantile, t. XXV, pp. 173 et 189.)

Voilà pourquoi Lénine dit que :

«La dictature du prolétariat, c'est la guerre la plus héroïque et la plus implacable de la classe nouvelle contre un

ennemi plus puissant, contre la bourgeoisie dont la résistance est décuplée du fait de son renversement», que «la dictature du prolétariat est une lutte opiniâtre, sanglante et non sanglante, violente et pacifique, militaire et économique, pédagogique et administrative, contre les forces et les traditions de la vieille société».

(Ibidem, pp. 173 et 190.)

Il est à peine besoin de démontrer qu'il est absolument impossible d'accomplir ces tâches à bref délai, de réaliser tout cela en quelques années. C'est pourquoi il faut considérer la dictature du prolétariat, le passage du capitalisme au communisme, non comme une période éphémère d'actes et de décrets «éminemment révolutionnaires», mais comme toute une époque historique remplie de guerres civiles et de conflits extérieurs, d'un opiniâtre travail d'organisation et d'édification économique, d'offensives et de retraites, de victoires et de défaites. Cette époque historique est nécessaire, non seulement pour créer les prémisses économiques et culturelles de la victoire totale du socialisme, mais aussi pour permettre au prolétariat, premièrement, de s'éduquer et de se retremper pour devenir une force capable de diriger le pays ; en second lieu, de rééduquer et de transformer les couches petites-bourgeoises dans un sens garantissant l'organisation de la production socialiste.

« Vous aurez, disait Marx aux ouvriers, à traverser quinze, vingt, cinquante ans de guerres civiles et de guerres entre peuples,

La dictature du prolétariat

non seulement pour changer les rapports existants, mais pour vous changer vous- mêmes et vous rendre capables du pouvoir politique. »

(K. Marx: Révélation sur le procès des communistes à Cologne.)

Poursuivant et développant plus avant la pensée de Marx, Lénine écrit :

«Il s'agira, sous la dictature du prolétariat, de rééduquer des millions de paysans, de petits patrons, des centaines de milliers d'employés, de fonctionnaires, d'intellectuels bourgeois, de les subordonner tous à l'Etat prolétarien et à la direction prolétarienne, de triompher de leurs habitudes et traditions bourgeoises» de même qu'il s'agira «...de rééduquer... au prix d'une lutte de longue haleine, sur la base de la dictature du prolétariat, les prolétaires eux-mêmes qui, eux non plus, ne se débarrassent pas de leurs préjugés petits- bourgeois subitement, par miracle, sur l'injonction de la Sainte-Vierge, sur l'injonction d'un mot d'ordre, d'une résolution, d'un décret, mais seulement au prix d'une lutte de masse, longue et difficile, contre les influences petites-bourgeoises sur les masses».

(La Maladie infantile, t. XXV, pp. 248 et 247.)

2.   **La dictature du prolétariat, domination du prolétariat sur la bourgeoisie.** Déjà ce que nous avons dit montre que la dictature du prolétariat n'est pas un simple changement de personnes au sein du gouvernement, un changement de «cabinet», etc., laissant intact l'ancien ordre

de choses économique et politique. Les menchéviks et les opportunistes de tous les pays, qui craignent la dictature comme le feu et qui, saisis de peur, substituent à la conception de la dictature celle de la «conquête du pouvoir», réduisent ordinairement la «conquête du pouvoir» à un changement de «cabinet», à l'apparition au pouvoir d'un nouveau ministère composé d'hommes tels que Scheidemann et Noske, MacDonald et Henderson. Il est à peine besoin de démontrer que ces changements de cabinet et autres analogues n'ont rien de commun avec la dictature du prolétariat, avec la conquête du pouvoir véritable par un véritable prolétariat. Avec les MacDonald et les Scheidemann au pouvoir, l'ancien ordre de choses bourgeois étant maintenu, leurs prétendus gouvernements ne peuvent être autre chose qu'un appareil au service de la bourgeoisie, qu'un camouflage des plaies de l'impérialisme, qu'un instrument entre les mains de la bourgeoisie contre le mouvement révolutionnaire des masses opprimées et exploitées. Ces gouvernements, eux, sont nécessaires au Capital en tant que paravent, lorsqu'il lui est incommode, désavantageux, difficile d'opprimer et d'exploiter les masses sans ce paravent. Certes, l'apparition de tels gouvernements est un indice montrant que «par-là» (c'est-à-dire chez les capitalistes), «dans le défilé de Chipka»[5] tout n'est pas calme, mais malgré cela

---

[5] Expression russe datant de la guerre russo-turque de 1877-1878. Pendant les combats livrés dans le défilé de Chipka, les Russes avaient subi des pertes considérables. L'état-major des troupes tsaristes n'en disait pas moins dans ses communiqués: «Dans le défilé de Chipka tout est calme.»

les gouvernements de ce genre restent inévitablement des gouvernements maquillés du Capital. D'un gouvernement MacDonald ou Scheidemann à la conquête du pouvoir par le prolétariat, il y a aussi loin que de la terre au ciel. La dictature du prolétariat n'est pas un changement de gouvernement, mais un nouvel Etat avec de nouveaux organes du pouvoir au centre et en province, l'Etat du prolétariat, surgi sur les ruines de l'ancien Etat, de l'Etat de la bourgeoisie.

La dictature du prolétariat surgit, non sur la base de l'ordre de choses bourgeois, mais au cours de la démolition de celui-ci, après le renversement de la bourgeoisie, au cours de l'expropriation des grands propriétaires fonciers et des capitalistes, au cours de la socialisation des principaux instruments et moyens de production, au cours de la révolution prolétarienne violente. La dictature du prolétariat est un pouvoir révolutionnaire s'appuyant sur la violence exercée contre la bourgeoisie.

L'Etat est, aux mains de la classe dominante, une machine destinée à écraser la résistance de ses adversaires de classe. Sous ce rapport, la dictature du prolétariat ne se distingue en rien, quant au fond, de la dictature de toute autre classe, puisque l'Etat prolétarien est une machine servant à écraser la bourgeoisie. Mais il y a là une différence essentielle. C'est que tous les Etats de classe ayant existé jusqu'à présent étaient une dictature de la minorité exploiteuse sur la majorité exploitée, tandis que la dictature du prolétariat est la dictature de la majorité exploitée sur la minorité exploiteuse.

La dictature du prolétariat

<u>Bref</u> : la dictature du prolétariat est la domination du prolétariat sur la bourgeoisie, domination qui n'est pas limitée par la loi, qui s'appuie sur la violence et jouit de la sympathie et du soutien des masses laborieuses et exploitées. (Lénine: L'Etat et la Révolution.)

De là deux conclusions fondamentales :

<u>Première conclusion</u>. La dictature du prolétariat ne peut être la démocratie «intégrale», la démocratie pour tous, et pour les riches et pour les pauvres; la dictature du prolétariat «doit être un Etat démocratique d'une manière nouvelle (pour les prolétaires et les non-possédants en général), et dictatoriale d'une manière nouvelle (contre[6] la bourgeoisie)». (L'Etat et la Révolution, t. XXI, p. 393.) Les propos de Kautsky et Cie sur l'égalité universelle, sur la démocratie «pure», sur la démocratie «parfaite», etc., ne sont qu'un camouflage bourgeois de ce fait indubitable que l'égalité des exploités et des exploiteurs est impossible. La théorie de la démocratie «pure» est celle de l'aristocratie ouvrière, apprivoisée et appâtée par les forbans impérialistes. Elle a été appelée à la vie pour voiler les plaies du capitalisme, rendre moins hideux l'impérialisme et lui conférer une force morale dans sa lutte contre les masses exploitées. En régime capitaliste, il n'y a pas et il ne peut y avoir de «libertés» véritables pour les exploités, ne fût-ce que pour la raison que les locaux, les imprimeries, les dépôts de papier, etc., nécessaires pour utiliser ces «libertés» constituent le privilège

---

[6] Souligné par moi. J. Staline

des exploiteurs. En régime capitaliste, il n'y a et il ne peut y avoir de participation véritable des masses exploitées à l'administration du pays, ne fût-ce que pour la raison que dans les conditions du capitalisme, même sous le régime le plus démocratique, les gouvernements sont instaurés non par le peuple, mais par les Rothschild et les Stinnes, les Rockefeller et les Morgan. En régime capitaliste, la démocratie est une démocratie capitaliste, celle de la minorité exploiteuse, basée sur la limitation des droits de la majorité exploitée et dirigée contre cette majorité. Ce n'est que sous la dictature du prolétariat que sont possibles les libertés véritables pour les exploités et la participation véritable des prolétaires et des paysans à l'administration du pays. Sous la dictature du prolétariat, la démocratie est une démocratie prolétarienne, celle de la majorité exploitée, basée sur la limitation des droits de la minorité exploiteuse et dirigée contre cette minorité.

<u>Deuxième conclusion</u>. La dictature du prolétariat ne peut pas être le résultat du développement pacifique de la société bourgeoise et de la démocratie bourgeoise, — elle ne peut être que le résultat de la destruction de la machine d'Etat bourgeoise, de l'armée bourgeoise, de l'appareil administratif bourgeois, de la police bourgeoise.

«La classe ouvrière ne peut pas s'emparer simplement de la machine gouvernementale toute faite et la mettre en mouvement pour ses propres fins», disent Marx et Engels dans la préface au <u>Manifeste du Parti communiste</u>. La révolution prolétarienne ne doit pas «...comme cela s'est fait jusqu'à présent, transmettre la machine bureaucratique et militaire d'une main dans une autre, mais la briser... Telle est la condition préalable de toute révolution véritablement populaire sur le continent», écrivait Marx en 1871 dans une lettre à Kugelmann.

La restriction de Marx relative au continent a fourni aux opportunistes et aux menchéviks de tous les pays un prétexte pour crier bien haut que Marx admettait la possibilité d'un développement pacifique de la démocratie bourgeoise en démocratie prolétarienne, tout au moins pour certains pays ne faisant pas partie du continent européen (Angleterre, Amérique). Marx, en effet, admettait une telle possibilité, et il était fondé à l'admettre pour l'Angleterre et l'Amérique des années 1870-1880, alors que le capitalisme monopolisateur, alors que l'impérialisme n'existait pas encore, et que dans ces pays, par suite des conditions particulières de leur évolution, le militarisme et le bureaucratisme n'étaient pas encore développés. Il en était ainsi avant l'apparition de l'impérialisme développé. Mais par la suite — trente ou quarante ans plus tard — lorsque la situation de ces pays s'est trouvée radicalement changée, lorsque l'impérialisme s'est développé et a englobé tous les pays capitalistes sans exception ; lorsque le militarisme et le bureaucratisme ont également fait leur apparition en Angleterre et en Amérique et que les conditions particulières de l'évolution pacifique de ces pays ont disparu, la restriction relative à ces deux pays devait tomber d'elle-même.

La dictature du prolétariat

« Aujourd'hui, dit Lénine, en 1917, à l'époque de la première grande guerre impérialiste, cette restriction de Marx ne joue plus. L'Angleterre comme l'Amérique, les plus grands et les derniers représentants — dans le monde entier — de la «liberté» anglo-saxonne (absence de militarisme et de bureaucratisme), ont glissé entièrement dams le marais européen, fangeux et sanglant, des institutions militaires et bureaucratiques qui se subordonnent tout, écrasent de leur poids toutes choses. Maintenant, en Angleterre comme en Amérique, «la condition préalable de toute révolution véritablement populaire», c'est la démolition, la destruction de la «machine d'Etat» «toute prête» (portée en ces pays, de 1914 à 1917, à une perfection «européenne», impérialiste).

(L'Etat et la Révolution, t. XXI, p. 395.)

Autrement dit, la loi de la révolution violente du prolétariat, la loi de la destruction de la machine d'Etat bourgeoise, en tant que condition préalable d'une telle révolution, est la loi inéluctable du mouvement révolutionnaire des pays impérialistes du monde.

Evidemment, dans un avenir lointain, si le prolétariat est victorieux dans les principaux pays du capitalisme et si l'encerclement capitaliste actuel fait place à l'encerclement socialiste, la voie «pacifique» du développement est parfaitement possible pour certains pays capitalistes, où, devant la situation internationale «défavorable», les capitalistes jugeront plus rationnel de faire «de leur plein gré» des concessions sérieuses au prolétariat. Mais cette hypothèse ne se rapporte qu'à un avenir lointain et possible. Pour le plus proche avenir, cette hypothèse n'a aucun, absolument aucun fondement.

C'est pourquoi Lénine a raison quand il dit :

La révolution prolétarienne est impossible sans la destruction violente de la machine d'Etat bourgeoise et son remplacement par une nouvelle.

(La Révolution prolétarienne et le renégat Kautsky, t. XXIII, p. 342.)

3. **Le pouvoir des Soviets, forme d'Etat de la dictature du prolétariat.** La victoire de la dictature du prolétariat signifie l'écrasement de la bourgeoisie, la démolition de la machine d'Etat bourgeoise, le remplacement de la démocratie bourgeoise par la démocratie prolétarienne. Voilà qui est clair. Mais quelles sont les organisations à l'aide desquelles ce travail colossal peut être accompli? Que les anciennes formes d'organisation du prolétariat, qui se sont développées sur la base du parlementarisme bourgeois, ne puissent suffire à ce travail, cela n'est guère douteux. Quelles sont donc les nouvelles formes d'organisation du prolétariat susceptibles de jouer le rôle de fossoyeurs de la machine d'Etat bourgeoise ; susceptibles non seulement de briser cette machine et de remplacer la démocratie bourgeoise par la démocratie prolétarienne, mais aussi de devenir la base du pouvoir d'Etat prolétarien ?

La dictature du prolétariat

Les Soviets sont cette nouvelle forme d'organisation du prolétariat.

Qu'est-ce qui fait la force des Soviets comparativement aux anciennes formes d'organisation ?

C'est que les Soviets sont les organisations de masse les plus vastes du prolétariat, car eux, et eux seuls, englobent tous les ouvriers sans exception.

C'est que les Soviets sont les seules organisations de masse qui unissent tous les opprimés et exploités, ouvriers et paysans, soldats et matelots, et où, pour cette raison, la direction politique de la lutte des masses par l'avant-garde de ces masses, par le prolétariat, peut être le plus facilement et le plus amplement réalisée.

C'est que les Soviets sont les organes les plus puissants de la lutte révolutionnaire des masses, de l'action politique des masses, de l'insurrection des masses, des organes capables de briser la toute-puissance du capital financier et de ses appendices politiques.

C'est que les Soviets sont les organisations directes des masses elles-mêmes, c'est-à-dire les organisations les plus démocratiques et, partant, celles qui ont le plus d'autorité parmi les masses, qui leur facilitent au maximum la participation à l'organisation et à l'administration du nouvel Etat, et qui libèrent, au maximum, l'énergie révolutionnaire, l'initiative, les facultés créatrices des masses en lutte pour la destruction de l'ancien système, en lutte pour l'instauration du système nouveau, prolétarien.

Le pouvoir des Soviets est l'union et la constitution des Soviets locaux en une seule organisation générale d'Etat, en une organisation d'Etat du prolétariat, avant-garde des masses opprimées et exploitées et classe dominante — c'est leur union en une République des Soviets.

L'essence du pouvoir des Soviets, c'est que les organisations de masse — les plus vastes et les plus révolutionnaires — de ces classes qui, précisément, étaient opprimées par les capitalistes et les grands propriétaires fonciers forment maintenant la «base permanente et unique[7] de tout le pouvoir d'Etat, de tout l'appareil d'Etat»; c'est que «précisément les masses qui, dans les Républiques bourgeoises même les plus démocratiques», étaient égales selon la loi, et qui, «par des milliers de procédés et subterfuges étaient en fait écartées de la participation à la vie politique et de la jouissance des droits et libertés démocratiques, sont appelées aujourd'hui à une participation permanente*, expresse et avec cela décisive*, à l'administration démocratique de l'Etat». (Lénine: Thèses et rapport sur la démocratie bourgeoise et la dictature du prolétariat. Ier congrès de l'Internationale communiste, t. XXIV, p. 13.)

Voilà pourquoi le pouvoir des Soviets est une nouvelle forme d'organisation de l'Etat, différant dans son principe de l'ancienne forme démocratique bourgeoise et parlementaire, un nouveau type d'Etat adapté non aux objectifs d'exploitation et d'oppression des masses travailleuses, mais à ceux de leur libération complète de toute

---

[7] Souligné par moi. J. Staline

oppression et exploitation, aux objectifs de la dictature du prolétariat.

Lénine a raison quand il dit que l'avènement du pouvoir des Soviets «a marqué le terme de l'époque du parlementarisme démocratique bourgeois, le début d'un nouveau chapitre de l'histoire universelle: l'époque de la dictature prolétarienne».

Quels sont les traits caractéristiques du pouvoir des Soviets?

C'est que, les classes existant, le pouvoir des Soviets est, de toutes les organisations d'Etat possibles, celle qui a le caractère de masse le plus prononcé, celle qui est la plus démocratique; car, étant une arène pour l'alliance et la collaboration des ouvriers et des paysans exploités dans leur lutte contre les exploiteurs, et s'appuyant dans son activité sur cette alliance et sur cette collaboration, il est, par là même, le pouvoir de la majorité de la population sur la minorité, il est l'Etat de cette majorité, l'expression de sa dictature.

C'est que le pouvoir des Soviets est la plus internationaliste de toutes les organisations d'Etat de la société de classes, car, détruisant toute oppression nationale et s'appuyant sur la collaboration des masses travailleuses de nationalités différentes, il facilite, par là même, la réunion de ces masses en un seul corps d'Etat.

C'est que le pouvoir des Soviets, par sa structure même, facilite la direction des masses opprimées et exploitées, direction exercée par l'avant-garde de ces masses, par le prolétariat, qui représente le noyau le plus cohérent et le plus conscient des Soviets.

«L'expérience de toutes les révolutions et de tous les mouvements des classes opprimées, l'expérience du mouvement socialiste mondial, dit Lénine, nous apprend que seul le prolétariat est capable de grouper et de mener à sa suite les couches disséminées et arriérées de la population laborieuse et exploitée.» (Ibidem, p. 14.) C'est que la structure du pouvoir des Soviets facilite l'application des enseignements de cette expérience.

C'est que le pouvoir des Soviets, réunissant les pouvoirs législatif et exécutif en une seule organisation d'Etat, et remplaçant les circonscriptions électorales territoriales par des unités de production — fabriques et usines, — relie directement les ouvriers et, d'une façon générale, les masses travailleuses à l'appareil administratif de l'Etat, leur apprend à gouverner le pays.

C'est que le pouvoir des Soviets est seul capable d'affranchir l'armée de la subordination au commandement bourgeois, et de la transformer d'instrument d'oppression du peuple qu'elle est sous le régime bourgeois, en instrument d'affranchissement du peuple du joug de sa propre bourgeoisie et de la bourgeoisie étrangère.

C'est que «seule l'organisation soviétique de l'Etat peut réellement briser d'un coup et détruire définitivement le vieil appareil, c'est-à-dire l'appareil bureaucratique et juridique bourgeois». (Ibidem.)

C'est que seule la forme soviétique de l'Etat, faisant participer d'une manière permanente et absolue les organisations de masse des travailleurs et des exploités au gouvernement de l'Etat, est capable de préparer ce dépérissement de l'Etat, dépérissement qui est un des éléments essentiels de la future société sans Etat, de la société communiste.

La République des Soviets est donc la forme politique recherchée et enfin trouvée, dans le cadre de laquelle doit être réalisée l'émancipation économique du prolétariat, la victoire complète du socialisme.

La Commune de Paris a été l'embryon de cette forme. Le pouvoir des Soviets en est le développement et le couronnement.

Voilà pourquoi Lénine dit que :

« La République des Soviets des députés ouvriers, soldats et paysans n'est pas seulement une forme des institutions démocratiques d'un type plus élevé... mais aussi la seule forme capable d'assurer la transition la plus indolore au socialisme. »*

«Thèses sur l'Assemblée constituante», t. XXII, p. 131.)

V. La question paysanne

De ce thème, je retiendrai quatre questions:

a)   position de la question;

b)   la paysannerie pendant la révolution démocratique bourgeoise;

c)   la paysannerie pendant la révolution prolétarienne;

d)   la paysannerie après la consolidation du pouvoir des Soviets.

1.   **Position de la question**. D'aucuns pensent que l'essentiel dans le léninisme est la question paysanne; que le point de départ du léninisme est la question de la paysannerie, de son rôle, de son importance. C'est tout à fait faux. La question fondamentale du léninisme, son point de départ, ce n'est pas la question paysanne, mais la question de la dictature du prolétariat, des conditions de sa conquête, des

conditions de sa consolidation. La question paysanne, comme question de l'allié du prolétariat dans sa lutte pour le pouvoir, est une question dérivée.

Toutefois cette circonstance ne lui enlève rien de l'importance sérieuse, vitale, qu'elle a indéniablement pour la révolution prolétarienne. On sait que l'étude sérieuse de la question paysanne commença, parmi les marxistes russes, précisément à la veille de la première révolution (1905), alors que la question du renversement du tsarisme et de la réalisation de l'hégémonie du prolétariat se dressait devant le Parti dans toute son ampleur, et que le problème de l'allié du prolétariat dans la révolution bourgeoise imminente avait pris un caractère de brûlante actualité. On sait de même que la question paysanne en Russie a pris un caractère d'actualité encore plus grande au moment de la révolution prolétarienne, lorsque la question de la dictature du prolétariat, de sa conquête et de son maintien aboutit à la question des alliés du prolétariat dans la révolution prolétarienne imminente. Et cela se conçoit : quiconque marche et se prépare au pouvoir doit forcément s'intéresser à la question de savoir quels sont ses véritables alliés.

En ce sens la question paysanne fait partie de la question générale de la dictature du prolétariat et, comme telle, est une des questions les plus vitales du léninisme.

L'attitude indifférente ou même nettement négative des partis de la IIe Internationale à l'égard de la question paysanne, ne s'explique pas simplement par les conditions spéciales du développement en Occident. Elle s'explique, avant tout, par le fait que ces partis n'ont pas foi en la dictature du prolétariat, ont peur de la révolution et ne songent pas à mener le prolétariat au pouvoir. Or, quiconque a peur de la révolution, quiconque n'entend pas mener les prolétaires au pouvoir, ne peut s'intéresser à la question des alliés du prolétariat dans la révolution, — pour lui la question des alliés est une question indifférente, dépourvue d'actualité. L'attitude ironique des héros de la IIe Internationale envers la question paysanne est considérée chez eux comme un signe de bon ton, comme un indice du «vrai» marxisme. En réalité, il n'y a pas là un grain de marxisme, car l'indifférence pour une question aussi importante que la question paysanne, à la veille de la révolution prolétarienne, est l'autre face de la négation de la dictature du prolétariat, un indice certain de trahison directe envers le marxisme.

La question se pose ainsi : les possibilités révolutionnaires cachées au sein de la paysannerie en vertu des conditions particulières de son existence, sont-elles déjà épuisées ou non, et si elles ne le sont pas, est-ce qu'il y a un espoir, une raison d'utiliser ces possibilités pour la révolution prolétarienne, de transformer la paysannerie, sa majorité exploitée, de réserve de la bourgeoisie qu'elle était dans les révolutions bourgeoises d'Occident, et qu'elle reste encore actuellement, — en une réserve, en une alliée du prolétariat?

A cette question le léninisme répond par l'affirmative ; c'est-à-dire qu'il reconnaît l'existence, dans les rangs de la majorité de la paysannerie, de capacités révolutionnaires et la possibilité de les utiliser dans l'intérêt de la dictature du prolétariat.

La question paysanne

L'histoire des trois révolutions russes confirme entièrement les déductions du léninisme sur ce point.

De là cette conclusion pratique sur la nécessité de soutenir les masses travailleuses de la paysannerie dans leur lutte contre l'asservissement et l'exploitation, dans leur lutte pour s'affranchir de l'oppression et de la misère. Cela ne signifie pas assurément que le prolétariat doive soutenir tout mouvement paysan. Il s'agit ici du soutien d'un mouvement et d'une lutte de la paysannerie, qui facilitent directement ou indirectement le mouvement de libération du prolétariat, qui, d'une façon ou d'une autre, portent l'eau au moulin de la révolution prolétarienne, et contribuent à faire de la paysannerie la réserve et l'alliée de la classe ouvrière.

2.   **La paysannerie pendant la révolution démocratique bourgeoise.** Cette période comprend l'intervalle de temps depuis la première révolution russe (1905) jusqu'à la deuxième (février 1917) inclusivement. Le trait caractéristique de cette période, c'est que la paysannerie s'affranchit de l'influence de la bourgeoisie libérale, se détache des cadets[8] , se tourne vers le prolétariat, vers le Parti bolchévik. L'histoire de cette période est l'histoire de la lutte des cadets (bourgeoisie libérale) et des bolchéviks (prolétariat) pour gagner la paysannerie. La période de la Douma décida du sort de cette lutte, car la période des quatre

---

[8] «Cadets», abréviation du parti «constitutionnel-démocrate» de la bourgeoisie libéralo-monarchiste russe, qui se donnait aussi le nom de parti de la «Liberté du peuple». Le parti cadet fut fondé en octobre 1905.

Doumas fut une leçon de choses pour la paysannerie, et cette leçon montra nettement aux paysans qu'ils ne recevraient des mains des cadets ni la terre, ni la liberté; que le tsar était entièrement pour les grands propriétaires fonciers et que les cadets soutenaient le tsar; que la seule force sur laquelle ils pussent compter, c'étaient les ouvriers des villes, le prolétariat. La guerre impérialiste ne fit que confirmer les enseignements de la période de la Douma; elle acheva de détacher la paysannerie de la bourgeoisie et d'isoler la bourgeoisie libérale, car les années de guerre montrèrent combien il était vain, illusoire d'espérer obtenir la paix du tsar et de ses alliés bourgeois. Sans les leçons pratiques de la période de la Douma, l'hégémonie du prolétariat eût été impossible.

C'est ainsi que se fit l'alliance des ouvriers et des paysans dans la révolution démocratique bourgeoise. C'est ainsi que s'établit l'hégémonie (la direction) du prolétariat dans la lutte commune pour le renversement du tsarisme, hégémonie qui aboutit à la révolution de février 1917.

Les révolutions bourgeoises d'Occident (Angleterre, France, Allemagne, Autriche) avaient, on le sait, suivi une autre voie. Là, l'hégémonie dans la révolution avait appartenu non pas au prolétariat qui, en raison de sa faiblesse, ne représentait pas et ne pouvait pas représenter une force politique indépendante, — mais à la bourgeoisie libérale. Là, la paysannerie avait été délivrée du régime féodal, non par le prolétariat qui était peu nombreux et inorganisé, mais par la bourgeoisie. Là, la paysannerie avait marché contre l'ancien régime avec la bourgeoisie libérale. Là, la paysannerie avait été la réserve de la bourgeoisie. Là, la révolution avait abouti, en conséquence, à un renforcement considérable du poids politique de la bourgeoisie.

En Russie, au contraire, la révolution bourgeoise donna des résultats diamétralement opposés. Loin de renforcer la bourgeoisie, la révolution en Russie l'affaiblit en tant que force politique, loin d'augmenter ses réserves politiques, elle lui fit perdre sa réserve fondamentale, elle lui fit perdre la paysannerie. La révolution bourgeoise en Russie mit au premier plan non la bourgeoisie libérale, mais le prolétariat révolutionnaire autour duquel elle rallia les masses innombrables de la paysannerie.

C'est ce qui explique, entre autres, le fait que la révolution bourgeoise en Russie s'est transformée, dans un délai relativement court, en révolution prolétarienne. L'hégémonie du prolétariat fut le germe de la dictature du prolétariat, l'échelon permettant de passer à la dictature du prolétariat.

Comment expliquer ce phénomène original de la révolution russe, phénomène sans précédent dans l'histoire des révolutions bourgeoises d'Occident ? A quoi est due cette originalité ?

Elle s'explique par le fait qu'en Russie la révolution bourgeoise s'est déroulée alors que les conditions de la lutte de classes y étaient plus développées qu'en Occident; que le prolétariat russe avait déjà eu le temps, à cette époque, de se constituer en une force politique indépendante, tandis que la bourgeoisie libérale, effrayée de l'esprit révolutionnaire du prolétariat, avait perdu toute apparence d'esprit révolutionnaire (surtout après les leçons de 1905), et s'était orientée vers l'alliance avec le tsar et les grands propriétaires fonciers contre la révolution, contre les ouvriers et les paysans.

Il convient de tenir compte des circonstances suivantes, qui ont déterminé l'originalité de la révolution bourgeoise russe :

a)   La concentration inouïe de l'industrie russe à la veille de la révolution. On sait par exemple qu'en Russie 54% de tous les ouvriers travaillaient dans les entreprises comptant plus de 500 ouvriers, alors que dans un pays aussi développé que les Etats- Unis, 33% seulement de tous les ouvriers travaillaient dans des entreprises analogues. Il est à peine besoin de démontrer que cette circonstance à elle seule, alors qu'existait un parti révolutionnaire comme le Parti bolchévik, faisait de la classe ouvrière de Russie la force la plus considérable dans la vie politique du pays.

b)   Les formes odieuses de l'exploitation dans les entreprises auxquelles s'ajoutait le régime policier intolérable des sicaires du tsar, — circonstance qui faisait de chaque grève sérieuse des ouvriers un acte politique d'une importance considérable, et qui trempait la classe ouvrière, force révolutionnaire jusqu'au bout.

c)   La veulerie politique de la bourgeoisie russe, veulerie devenue, après la révolution de 1905, servilité devant le tsarisme et attitude nettement contre- révolutionnaire, celle-ci s'expliquant non seulement par l'esprit révolutionnaire du prolétariat russe qui avait rejeté la bourgeoisie russe dans les bras du tsarisme, mais aussi par la dépendance directe de cette bourgeoisie vis-à-vis de l'Etat qui lui passait des commandes de fournitures.

d) Les survivances les plus odieuses et les plus intolérables du régime féodal à la campagne, auxquelles s'ajoutait la toute-puissance du grand propriétaire foncier, circonstance qui a eu pour résultat de jeter la paysannerie dans les bras de la révolution.

e) Le tsarisme qui comprimait tout ce qu'il y avait de vivant et aggravait, par son arbitraire, le joug du capitaliste et du propriétaire foncier, circonstance qui a eu pour résultat d'associer la lutte des ouvriers à celle des paysans en un torrent révolutionnaire unique.

f) La guerre impérialiste, qui a fondu toutes ces contradictions de la vie politique russe en une profonde crise révolutionnaire, et donné à la révolution une incroyable puissance d'attaque.

Que restait-il à faire à la paysannerie dans de telles conditions ? Auprès de qui chercher un soutien contre la toute-puissance du grand propriétaire foncier, contre l'arbitraire du tsar, contre la guerre funeste qui la ruinait ? Auprès de la bourgeoisie libérale ? Mais celle-ci était son ennemie ; la longue expérience des quatre Doumas l'attestait. Auprès des socialistes-révolutionnaires ? Les socialistes-révolutionnaires, assurément, valent «mieux» que les cadets, et leur programme «peut aller», c'est presque un programme paysan; mais que peuvent donner les socialistes-révolutionnaires, s'ils entendent s'appuyer sur les paysans seuls et s'ils sont faibles à la ville, où l'adversaire puise avant tout ses forces? Où est cette nouvelle force qui ne reculera devant rien, ni à la campagne, ni à la ville, et qui marchera courageusement au premier rang dans la lutte contre le tsar et le grand propriétaire foncier; qui aidera la paysannerie à se tirer de l'asservissement, à recevoir la terre, à sortir de l'oppression et de la guerre? Mais une telle force existait-elle en Russie ? Oui, elle existait. C'était le prolétariat russe qui, déjà en 1905, avait montré sa force, son aptitude à lutter jusqu'au bout, son courage, son esprit révolutionnaire.

En tout cas, il n'existait point d'autre force et l'on n'avait pas où la prendre.

Voilà pourquoi la paysannerie, ayant quitté le rivage des cadets et abordé au rivage des socialistes-révolutionnaires, en vint du même coup à la nécessité de se soumettre à la direction d'un chef de la révolution aussi valeureux que le prolétariat russe.

Tels sont les facteurs qui ont fait l'originalité de la révolution bourgeoise russe.

3.   **La paysannerie pendant la révolution prolétarienne.** Cette période embrasse l'intervalle de temps qui va de la révolution de Février (1917) à la Révolution d'Octobre (1917). Cette période est relativement courte, en tout huit mois ; mais au point de vue de la formation politique et de l'éducation révolutionnaire des masses, ces huit mois peuvent délibérément être mis sur le même plan que des dizaines d'années de développement en régime constitutionnel ordinaire ; car ils valent huit mois de révolution. Le trait caractéristique de cette période, c'est une

plus grande pénétration révolutionnaire de la paysannerie, sa déception à propos des socialistes-révolutionnaires, l'abandon de ces derniers par la paysannerie, un nouveau tournant de la paysannerie vers son ralliement direct autour du prolétariat, seule force révolutionnaire jusqu'au bout, capable de mener le pays à la paix. L'histoire de cette période est l'histoire de la lutte entre les socialistes- révolutionnaires (démocratie petite-bourgeoise) et les bolchéviks (démocratie prolétarienne) pour gagner la paysannerie, pour conquérir la majorité de la paysannerie. La période de coalition, la période de Kérenski, le refus des socialistes-révolutionnaires et des menchéviks de confisquer la terre des grands propriétaires fonciers, la lutte des socialistes-révolutionnaires et des menchéviks pour la continuation de la guerre, l'offensive de juin sur le front, la peine de mort pour les soldats, le soulèvement de Kornilov, décidèrent du sort de cette lutte.

Si dans la période précédente la question fondamentale de la révolution avait été le renversement du tsar et du pouvoir des grands propriétaires fonciers, maintenant, dans la période d'après la révolution de Février, alors qu'il n'y avait plus de tsar, que la guerre interminable achevait de désorganiser l'économie du pays après avoir définitivement ruiné la paysannerie, — la liquidation de la guerre devenait la question fondamentale de la révolution. Le centre de gravité s'était manifestement déplacé des questions d'ordre purement intérieur vers la question fondamentale, celle de la guerre.

«Finir la guerre», «s'arracher à la guerre», tel était le cri général du pays accablé et, avant tout, de la paysannerie.

Mais pour s'arracher à la guerre, il était nécessaire de renverser le Gouvernement provisoire, nécessaire de renverser le pouvoir de la bourgeoisie, nécessaire de renverser le Pouvoir des socialistes-révolutionnaires et des menchéviks, car eux, et eux seuls, entendaient faire durer la guerre jusqu'à la«victoire finale». Pratiquement, pour sortir de la guerre, il n'y avait qu'un seul moyen : renverser la bourgeoisie.

Ce fut une nouvelle révolution, une révolution prolétarienne, car elle précipitait du haut du pouvoir la dernière fraction de la bourgeoisie impérialiste, sa fraction d'extrême- gauche, les partis socialiste-révolutionnaire et menchévik, pour créer un pouvoir nouveau, prolétarien, le pouvoir des Soviets, pour porter au pouvoir le parti du prolétariat révolutionnaire, le Parti bolchévik, le parti de la lutte révolutionnaire contre la guerre impérialiste et pour une paix démocratique. La majorité de la paysannerie soutint la lutte des ouvriers pour la paix, pour le pouvoir des Soviets. Il n'y avait pas d'autre issue pour la paysannerie. Et il ne pouvait y en avoir d'autre.

Ainsi la période de Kérenski fut une magistrale leçon de choses pour les masses travailleuses de la paysannerie, car elle montra nettement que les socialistes- révolutionnaires et les menchéviks étant au pouvoir, le pays ne s'arracherait pas à la guerre, les paysans n'auraient ni terre ni liberté; que les menchéviks et les socialistes- révolutionnaires ne se distinguaient des cadets que par leurs discours sucrés et leurs promesses fallacieuses; qu'en fait ils poursuivaient la même politique impérialiste, la politique des cadets; que le seul pouvoir capable de tirer le pays de l'impasse ne pouvait être que le pouvoir des Soviets. La guerre qui se prolongeait ne faisait que confirmer la justesse de cette leçon ; elle aiguillonnait la révolution et poussait les masses innombrables de paysans et de soldats à se grouper directement autour de la révolution prolétarienne. L'isolement des socialistes-révolutionnaires et des menchéviks devint un fait incontestable. Sans les leçons pratiques de la période de coalition, la dictature du prolétariat eût été impossible.

Tels sont les facteurs qui ont facilité le processus de transformation de la révolution bourgeoise en révolution prolétarienne.

C'est ainsi que se fit la dictature du prolétariat en Russie.

4. **La paysannerie après la consolidation du pouvoir des Soviets.** Si auparavant, dans la première période de la révolution, il s'était agi principalement de renverser le tsarisme, et ensuite, après la révolution de Février, de sortir avant tout de la guerre impérialiste en renversant la bourgeoisie, — maintenant, une fois la guerre civile liquidée et le pouvoir des Soviets consolidé, les problèmes de l'édification économique passaient au premier plan. Renforcer et développer l'industrie nationalisée; à cet effet, lier l'industrie et l'économie paysanne au moyen du commerce réglé par l'Etat; remplacer les prélèvements des excédents de denrées alimentaires par l'impôt en nature, pour aboutir ensuite, par une réduction progressive de cet impôt, à l'échange des articles industriels contre les produits de l'économie paysanne; ranimer le commerce et développer

la coopération en faisant participer à cette dernière les millions de paysans: telles étaient les tâches immédiates de l'édification économique préconisées par Lénine pour la construction des fondements de l'économie socialiste.

On dit que cette tâche peut s'avérer au-dessus des forces d'un pays paysan tel que la Russie. Certains sceptiques vont même jusqu'à dire qu'elle est simplement utopique, irréalisable, car la paysannerie est la paysannerie, — elle se compose de petits producteurs et ne peut, de ce fait, être utilisée pour l'organisation des fondements de la production socialiste. Mais les sceptiques se trompent, parce qu'ils ne tiennent pas compte de certains facteurs qui, en l'occurrence, sont d'une importance décisive. Voyons les principaux de ces facteurs.

Premièrement, on ne doit pas confondre la paysannerie de l'Union soviétique avec la paysannerie d'Occident. Une paysannerie qui a passé par l'école de trois révolutions; qui a lutté contre le tsar et le pouvoir de la bourgeoisie avec le prolétariat, et sous la direction du prolétariat, une paysannerie qui a reçu la terre et la paix des mains de la révolution prolétarienne et est devenue de ce fait la réserve du prolétariat, cette paysannerie-là est forcément différente de celle qui a lutté pendant la révolution bourgeoise sous la direction de la bourgeoisie libérale; qui a reçu la terre des mains de cette bourgeoisie et est devenue, de ce fait, la réserve de la bourgeoisie. Il n'est guère besoin de démontrer que la paysannerie soviétique, habituée à priser l'amitié politique et la collaboration politique avec le prolétariat et redevable de liberté à cette amitié et à cette collaboration, ne peut pas ne pas offrir un terrain exceptionnellement favorable à une collaboration économique avec le prolétariat.

Engels disait que «la conquête du pouvoir politique par le Parti socialiste est devenue une question de proche avenir». Que «pour le conquérir, il faut que le Parti commence par aller de la ville au village, et devienne une force à la campagne». (Engels: la Question paysanne.) Il écrivait ces lignes vers la fin du siècle dernier, en parlant de la paysannerie d'Occident. Est-il nécessaire de démontrer que les communistes russes qui, durant trois révolutions, ont accompli à cet égard un immense travail, ont déjà réussi à gagner dans les campagnes une influence et un appui auxquels nos camarades d'Occident n'osent même pas songer ? Comment peut-on nier que ce facteur ne peut manquer de faciliter radicalement l'organisation de la collaboration économique de la classe ouvrière et de la paysannerie en Russie ?

Parlant des petits paysans, les sceptiques répètent constamment qu'ils représentent un facteur incompatible avec l'oeuvre de construction socialiste. Mais écoutez ce que dit Engels des petits paysans d'Occident :

« Nous sommes résolument du côté du petit paysan; nous ferons tout le possible pour lui rendre la vie plus supportable, pour lui faciliter le passage à l'association s'il s'y décide; mais au cas où il ne serait pas encore en état de prendre cette décision, nous nous efforcerons de lui donner le plus de temps possible pour qu'il y réfléchisse sur son lopin de terre. Nous agirons ainsi, non seulement parce que nous considérons comme possible le passage à

nos côtés du petit paysan travaillant pour son compte, mais aussi parce que c'est l'intérêt direct du Parti. Plus nombreux seront les paysans que nous ne laisserons pas descendre jusqu'au niveau des prolétaires, et que nous gagnerons à nous pendant qu'ils sont encore des paysans, et plus la transformation sociale sera rapide et facile. Pour opérer cette transformation il nous serait inutile d'attendre le moment où la production capitaliste se sera développée partout jusqu'à ses extrêmes conséquences; où le dernier petit artisan et le dernier petit paysan tomberont victimes de la grande production capitaliste. Les sacrifices matériels que, dans l'intérêt des paysans, il y aura lieu de consentir alors sur les fonds publics peuvent, du point de vue de l'économie capitaliste, paraître un gaspillage d'argent: pourtant c'est un excellent emploi de capital, parce que cela économisera des sommes peut-être dix fois supérieures dans les dépenses nécessaires à la transformation de la société dans son ensemble. Nous pouvons donc, en ce sens, être très généreux pour les paysans. »

(Ibidem.)

Voilà ce que disait Engels en parlant de la paysannerie d'Occident. Mais n'est-il pas clair que ce qui a été dit par Engels ne peut être réalisé nulle part aussi facilement et aussi complètement que dans le pays de la dictature du prolétariat ? N'est-il pas clair que c'est seulement en Russie soviétique que peuvent être réalisés, dès maintenant et intégralement, le «passage à nos côtés du petit paysan travaillant pour son compte», ainsi que les «sacrifices matériels» indispensables et la «générosité pour les paysans» nécessaire à cet effet; que ces mesures et autres analogues en faveur des paysans sont déjà appliquées en Russie? Comment peut-on nier que cette circonstance, à son tour, doive faciliter et faire avancer la construction économique du pays des Soviets ?

Deuxièmement, on ne doit pas confondre l'économie agricole de la Russie avec l'économie agricole d'Occident. Là, elle se développe en suivant la ligne ordinaire du capitalisme, alors que s'opère une différenciation profonde de la paysannerie, avec les grands domaines et les latifundia capitalistes privés à un pôle, avec le paupérisme, la misère et l'esclavage salarié à l'autre pôle. La désagrégation et la décomposition y sont, par conséquent, des phénomènes tout à fait naturels. Il n'en est pas de même en Russie. Chez nous, le développement de l'économie agricole ne peut pas suivre cette voie, ne serait-ce que parce que l'existence du pouvoir des Soviets et la nationalisation des principaux instruments et moyens de production ne permettent pas ce développement. En Russie, le développement de l'économie agricole doit suivre une autre voie, celle de la coopération englobant les millions de paysans petits et moyens, la voie du développement, dans les campagnes, de la coopération de masse que l'Etat soutient en lui accordant des facilités de crédit. Dans ses articles sur la coopération, Lénine indiquait avec raison que, chez nous, le développement de l'économie agricole devra suivre une voie nouvelle, la voie permettant d'entraîner, par le moyen de la coopération, la majorité des paysans à l'oeuvre de construction socialiste, la voie de la pénétration progressive des principes du collectivisme dans l'économie agricole, d'abord dans le domaine de l'écoulement, puis dans celui de la production des produits agricoles.

Sous ce rapport, l'action de la coopération agricole nous permet d'enregistrer dans les campagnes des faits nouveaux d'un très grand intérêt. On sait que dans l'Union des coopératives agricoles il s'est formé de nouvelles grandes organisations par branches d'agriculture : lin, pommes de terre, huile, etc., qui ont un grand avenir. La Coopérative centrale du lin, par exemple, comprend tout un réseau d'associations de paysans producteurs de lin. Elle fournit aux paysans des semences et des instruments de production ; elle leur achète ensuite toute leur production linière, qu'elle écoule en gros sur le marché ; elle assure aux paysans la participation aux bénéfices, reliant ainsi l'économie paysanne, par l'intermédiaire de l'Union des coopératives agricoles, à l'industrie d'Etat. Comment appeler une telle forme d'organisation de la production ? C'est, à mon avis, le système de travail à domicile de la grande production socialiste d'Etat, dans le domaine de l'agriculture. Je parle ici du système de travail à domicile de la production socialiste d'Etat, par analogie avec le système de travail à domicile du capitalisme, dans le textile par exemple, où les artisans, recevant les matières premières et les outils du capitaliste et livrant à celui-ci toute leur production, étaient, en réalité, des ouvriers semi-salariés travaillant à domicile. C'est là un des nombreux indices montrant la voie que doit suivre chez nous le développement de l'économie agricole. Sans parler des autres indices du même ordre, dans les autres branches de l'agriculture.

La question paysanne

Il est à peine besoin de démontrer que l'immense majorité des paysans s'engagera volontiers dans cette nouvelle voie de développement, en rejetant la voie des latifundia capitalistes privés et de l'esclavage salarié, voie de la misère et de la ruine.

Voici ce que dit Lénine des voies de développement de notre économie agricole :

« Le pouvoir de l'Etat sur tous les principaux moyens de production, le pouvoir de l'Etat aux mains du prolétariat, l'alliance de ce prolétariat avec les millions et les millions de petits et tout petits paysans, la direction assurée de la paysannerie par ce prolétariat, etc., n'est-ce pas là tout ce qu'il faut pour construire, avec la coopération, avec la seule coopération que nous traitions auparavant de mercantile et qu'à certains égards nous avons le droit de traiter aujourd'hui, sous la Nep, de la même façon, — n'est-ce pas là tout ce qui est nécessaire pour construire la société socialiste intégrale? Ce n'est pas encore la construction de la société socialiste, mais c'est tout ce qui est nécessaire et suffisant pour la construire. »

(«De la coopération»-, t. XXVI, p. 392.)

Parlant ensuite de la nécessité d'une aide financière et autre à la coopération, «nouveau principe de l'organisation de la population» et nouveau «régime social» sous la dictature du prolétariat, Lénine poursuit :

« Tout régime social ne surgit qu'avec l'appui financier d'une classe déterminée. Inutile de rappeler les centaines et les centaines de millions de roubles que coûta la naissance du

capitalisme «libre». Il nous faut aujourd'hui comprendre et mettre en pratique cette vérité qu'au moment actuel le régime social que nous devons soutenir plus qu'à l'ordinaire, c'est le régime coopératif. Mais il faut le soutenir dans le vrai sens du mot ; c'est-à-dire que cet appui, il ne suffit pas de le comprendre comme le soutien de tout système coopératif ; par cet appui il faut entendre le soutien d'un système coopératif auquel participent véritablement les masses véritables de la population. »

(Ibidem, p. 393.)

Que dénotent tous ces faits ? Que les sceptiques ont tort. Que le léninisme a raison qui considère les masses paysannes travailleuses comme la réserve du prolétariat. Que le prolétariat au pouvoir peut et doit utiliser cette réserve pour souder l'industrie à l'agriculture, mettre en route l'œuvre de construction socialiste et assurer à la dictature du prolétariat la base indispensable, sans laquelle le passage à l'économie socialiste est impossible.

VI. La question nationale

De ce thème je retiendrai deux questions principales :

a)   position de la question;

b)   le mouvement de libération des peuples opprimés et la révolution prolétarienne.

1.   **Position de la question.** Au cours des vingt dernières années, la question nationale a subi une suite de modifications éminemment sérieuses. La question nationale dans la période de la IIe Internationale et la question nationale dans la période du léninisme ne sont pas une seule et même chose. Tant s'en faut. Elles diffèrent profondément l'une de l'autre, non seulement par leur étendue, mais aussi par leur caractère intérieur.

Autrefois, la question nationale était ordinairement limitée à un cercle étroit de problèmes concernant, principalement, les nationalités «civilisées». Irlandais, Hongrois, Polonais, Finlandais, Serbes et quelques autres nationalités d'Europe, telle était la catégorie des peuples ne jouissant pas des pleins droits, au sort desquels s'intéressaient les personnalités de la IIe Internationale. Les dizaines et les centaines de millions d'hommes des peuples d'Asie et d'Afrique, qui subissaient l'oppression nationale sous sa forme la plus brutale et la plus féroce, restaient ordinairement hors du champ visuel. On ne pouvait se résoudre à mettre sur le même plan les Blancs et les Noirs, les «civilisés» et les «non-civilisés». Deux ou trois résolutions aigres-douces et vides de sens, qui éludaient soigneusement la question de la libération des colonies, voilà tout ce dont les hommes de la IIe Internationale pouvaient se vanter. Aujourd'hui, cette dualité et cette indécision dans la question nationale doivent être considérées comme liquidées. Le léninisme a dévoilé cette disproportion criante, il a détruit le mur qui séparait Blancs et Noirs, Européens et Asiatiques, esclaves «civilisés» et «non-civilisés» de l'impérialisme, et il a rattaché ainsi la question nationale à la question des colonies. Par là même, la question nationale, de question particulière, de question intérieure d'Etat, est devenue une question générale et internationale, la question universelle de la libération des peuples opprimés des pays dépendants et des colonies, du joug de l'impérialisme.

Autrefois, le principe du droit des nations à disposer d'elles-mêmes était interprété ordinairement de façon erronée, et il n'était pas rare de le voir réduit au droit des nations à l'autonomie. Certains leaders de la IIe Internationale en étaient même arrivés à faire du droit de libre disposition, le droit à l'autonomie culturelle, c'est-à-dire le droit pour les nations opprimées d'avoir leurs institutions culturelles, tout en laissant la plénitude du pouvoir politique aux mains de la nation dominante. Par suite, l'idée de la libre disposition, d'arme de lutte contre les annexions, risquait de devenir un instrument de justification des annexions. Cette confusion doit être considérée maintenant comme dissipée. Le léninisme a élargi la conception de la libre disposition en l'interprétant comme le droit des peuples opprimés des pays dépendants et des colonies à la séparation complète, comme le droit des nations à exister en tant qu'Etat indépendant. Par là même a été écartée la possibilité de justifier les annexions en interprétant le droit de libre disposition comme un droit à l'autonomie. Quant au principe de la libre disposition, d'instrument de duperie des masses qu'il était indubitablement aux mains des social-chauvins pendant la guerre impérialiste, il est devenu de la sorte un instrument servant à démasquer les convoitises impérialistes et les machinations chauvines de tout genre et de tout ordre, un instrument d'éducation politique des masses dans l'esprit de l'internationalisme.

Autrefois, la question des nations opprimées était considérée ordinairement comme une question purement juridique. Proclamation solennelle de l'«égalité nationale», déclarations sans nombre sur l'«égalité des nations», voilà à quoi s'exerçaient les partis de la IIe Internationale, qui escamotaient le fait que parler de l'«égalité des nations» sous l'impérialisme, alors qu'un groupe de nations (la minorité) vit aux dépens de l'autre groupe de nations qu'il exploite, c'est se moquer des peuples opprimés. Maintenant, ce point de vue juridique bourgeois, dans la question nationale, doit être considéré comme démasqué. Des hauteurs des déclarations pompeuses où planait la question nationale, le léninisme l'a ramenée sur la terre, en montrant que, sans l'appui direct des partis prolétariens à la lutte émancipatrice des peuples opprimés, les déclarations sur l'«égalité des nations» ne sont que des déclarations vides et hypocrites. C'est ainsi que la question des nations opprimées est devenue la question de l'appui, de l'aide effective et constante à prêter aux nations opprimées dans leur lutte contre l'impérialisme, pour l'égalité effective des nations, pour leur existence comme Etat indépendant.

Autrefois, l'on considérait la question nationale d'une manière réformiste, comme une question à part, indépendante, sans la rattacher à la question générale du pouvoir du Capital, du renversement de l'impérialisme, de la révolution prolétarienne. On supposait tacitement que la victoire du prolétariat en Europe est possible sans une alliance directe avec le mouvement de libération dans les colonies; que la question nationale et coloniale peut être résolue en sourdine, «spontanément», à l'écart de la grande route de la révolution prolétarienne, sans une lutte révolutionnaire contre l'impérialisme. Maintenant, ce point de vue antirévolutionnaire doit être considéré comme démasqué. Le léninisme a prouvé, et la guerre impérialiste et la révolution de Russie ont confirmé, que la question nationale ne peut être résolue qu'en liaison avec la révolution prolétarienne et sur le terrain de celle-ci; qu'en Occident le chemin de la victoire de la révolution passe par l'alliance révolutionnaire avec le mouvement de libération des colonies et des pays dépendants, contre l'impérialisme. La question nationale est une partie de la question générale de la révolution prolétarienne, une partie de la question de la dictature du prolétariat.

La question se pose ainsi : les possibilités révolutionnaires du mouvement de libération révolutionnaire des pays opprimés sont-elles, oui ou non, déjà épuisées? Et si elles ne le sont pas, y a-t-il espoir, y a-t-il une raison d'utiliser ces possibilités pour la révolution prolétarienne, de transformer les pays dépendants et coloniaux, de réserve de la bourgeoisie impérialiste en réserve du prolétariat révolutionnaire, d'en faire l'allié de ce dernier ?

A cette question, le léninisme répond par l'affirmative, c'est-à-dire qu'il reconnaît l'existence, dans le mouvement de libération nationale des pays opprimés, d'aptitudes révolutionnaires, et il juge possible de les utiliser en vue du renversement de l'ennemi commun, en vue du renversement de l'impérialisme. Le mécanisme du développement de l'impérialisme, la guerre impérialiste et la révolution en Russie confirment entièrement les conclusions du léninisme à ce sujet.

De là la nécessité pour le prolétariat des nations «dominantes» de prêter un soutien résolu et actif au mouvement de libération nationale des peuples opprimés et dépendants.

Cela ne signifie évidemment pas que le prolétariat doive soutenir tout mouvement national, toujours et partout, dans chaque cas particulier et concret. Il s'agit d'appuyer ceux des mouvements nationaux qui tendent à affaiblir, à renverser l'impérialisme, et non à le maintenir et à le consolider. Il est des cas où les mouvements nationaux de certains pays opprimés entrent en conflit avec les intérêts du développement du mouvement prolétarien. Il va de soi que, dans ces cas-là, on ne saurait parler de soutien. La question des droits des nations n'est pas une question isolée et se suffisant à elle-même; c'est une partie de la question générale de la révolution prolétarienne, subordonnée à l'ensemble et demandant à être examinée du point de vue de l'ensemble. Dans les années 1840-1850, Marx était pour le mouvement national des Polonais et des Hongrois, contre le mouvement national des Tchèques et des Slaves du Sud. Pourquoi? Parce que les Tchèques et les Slaves du Sud étaient alors des «peuples réactionnaires», des «avant-postes russes» en Europe, des avant-postes de l'absolutisme, tandis que les Polonais et les Hongrois étaient des «peuples révolutionnaires» en lutte contre l'absolutisme. Parce que soutenir le mouvement national des Tchèques et des Slaves du Sud signifiait alors soutenir indirectement le tsarisme, ennemi le plus dangereux du mouvement révolutionnaire en Europe.

« Les différentes revendications de la démocratie, dit Lénine, y compris le droit des nations à disposer d'elles-mêmes, ne sont pas un absolu, mais une parcelle de l'ensemble du mouvement démocratique (aujourd'hui : socialiste) mondial. Il est

La question nationale

possible que dans certains cas concrets la parcelle contredise le tout, alors il faut la rejeter. »

(«Bilan de la discussion sur le droit des nations à disposer d'elles-mêmes», t. XIX, pp. 257-258.)

Voilà comment se présente la question relative aux différents mouvements nationaux, au caractère réactionnaire éventuel de ces mouvements, si on les considère non pas évidemment d'un point de vue formel, non du point de vue des droits abstraits, mais d'une façon concrète, du point de vue des intérêts du mouvement révolutionnaire.

Il faut en dire autant du caractère révolutionnaire des mouvements nationaux en général. La nature incontestablement révolutionnaire de l'immense majorité des mouvements nationaux est aussi relative et originale que l'est la nature réactionnaire éventuelle de certains autres mouvements nationaux. Dans les conditions de l'oppression impérialiste, le caractère révolutionnaire du mouvement national n'implique pas nécessairement l'existence d'éléments prolétariens dans le mouvement, l'existence d'un programme révolutionnaire ou républicain du mouvement, l'existence d'une base démocratique du mouvement. La lutte de l'émir afghan pour l'indépendance de l'Afghanistan est objectivement une lutte révolutionnaire, malgré le tour monarchiste des conceptions de l'émir et de ses partisans; car elle affaiblit, désagrège et sape l'impérialisme. Cependant que la lutte des démocrates «à tous crins» et des «socialistes», des «révolutionnaires» et des républicains, tels que, par exemple, Kérenski et Tsérétéli, Renaudel et Scheidemann,

Tchernov et Dan, Henderson et Clynes pendant la guerre impérialiste, était une lutte réactionnaire, car elle avait pour résultat de maquiller, de consolider, de faire triompher l'impérialisme. Les mêmes raisons font que la lutte des marchands et des intellectuels bourgeois égyptiens pour l'indépendance de l'Egypte, est une lutte objectivement révolutionnaire, malgré l'origine bourgeoise et la qualité bourgeoise des leaders du mouvement national égyptien, et bien qu'ils soient contre le socialisme. Cependant que la lutte du gouvernement «ouvrier» anglais pour le maintien de l'état de dépendance de l'Egypte est, pour les mêmes raisons, une lutte réactionnaire malgré l'origine prolétarienne et la qualité prolétarienne des membres de ce gouvernement, et bien que ceux-ci soient «pour» le socialisme. Je ne parle même pas du mouvement national des autres pays coloniaux et dépendants plus vastes, comme l'Inde et la Chine, dont chaque pas fait dans la voie de leur libération, si même il déroge aux exigences de la démocratie formelle, n'en est pas moins un coup de marteau-pilon assené à l'impérialisme, c'est-à-dire un pas incontestablement révolutionnaire.

Lénine a raison lorsqu'il dit que le mouvement national des pays opprimés doit être apprécié, non du point de vue de la démocratie formelle, mais du point de vue de ses résultats effectifs dans la balance générale de la lutte contre l'impérialisme, c'est-à- dire *«non isolément, mais à l'échelle mondiale»*. («Bilan de la discussion»..., t. XIX, p. 257.)

2.   Le mouvement de libération des peuples opprimés et la révolution prolétarienne. Pour résoudre la question nationale, le léninisme part des thèses suivantes :

a)   Le monde est divisé en deux camps : le camp d'une petite poignée de nations civilisées qui détiennent le capital financier et exploitent l'immense majorité de la population du globe, et le camp des peuples opprimés et exploités des colonies et des pays dépendants qui forment cette majorité;

b)   Les colonies et les pays dépendants, opprimés et exploités par le capital financier, constituent une immense réserve et une source éminemment importante de forces pour l'impérialisme;

c)   La lutte révolutionnaire menée par les peuples opprimés des pays coloniaux et dépendants contre l'impérialisme est le seul moyen pour eux de se libérer de l'oppression et de l'exploitation;

d)   Les principaux pays coloniaux et dépendants sont déjà entrés dans la voie du mouvement de libération nationale, qui doit infailliblement amener la crise du capitalisme mondial;

e)   Les intérêts du mouvement prolétarien dans les pays évolués et du mouvement de libération nationale aux colonies exigent que ces deux aspects du mouvement révolutionnaire s'unissent en un front commun contre l'ennemi commun, contre l'impérialisme;

f)   La victoire de la classe ouvrière dans les pays évolués et la libération des peuples opprimés du joug de l'impérialisme sont impossibles, sans la formation et la consolidation d'un front révolutionnaire commun;

g)   La formation d'un front révolutionnaire commun est impossible sans le soutien direct et résolu — par le prolétariat des nations qui oppriment — du mouvement de libération des peuples opprimés contre l'impérialisme «métropolitain», car «un peuple qui en opprime d'autres ne saurait être libre» (Engels);

h)   Ce soutien consiste à revendiquer, à défendre, à appliquer le mot d'ordre du droit des nations à se séparer, à exister comme Etat indépendant;

i)   Sans l'application de ce mot d'ordre, il est impossible d'organiser l'union et la collaboration des nations dans une économie mondiale unique, base matérielle de la victoire du socialisme mondial;

j)   Cette union ne peut être que librement consentie, fondée sur la confiance mutuelle et les rapports fraternels des peuples.

La question nationale

De là deux aspects, deux tendances dans la question nationale : la tendance à l'affranchissement politique des liens de l'impérialisme et à la constitution d'Etats nationaux indépendants, tendance surgie sur la base de l'oppression impérialiste et de l'exploitation coloniale — et la tendance au rapprochement économique des nations, engendrée par la formation d'un marché mondial et d'une économie mondiale.

Le capitalisme en développement, dit Lénine, connaît deux tendances historiques dans la question nationale. La première, c'est l'éveil de la vie nationale et des mouvements nationaux, la lutte contre toute oppression nationale, la création d'Etats nationaux. La seconde, c'est le développement et la fréquence accrue des relations de toute sorte entre les nations; la démolition des cloisons nationales, la création de l'unité internationale du Capital, de la vie économique en général, de la politique, de la science, etc.

Les deux tendances sont une loi universelle du capitalisme. La première prévaut au début de son développement; la seconde caractérise le capitalisme mûr, marchant vers sa transformation en société socialiste.

(«Remarques critiques sur la question nationale», t. XVII, pp. 139-140.)

Pour l'impérialisme, ces deux tendances apparaissent comme des contradictions inconciliables, car l'impérialisme ne peut vivre sans exploiter les colonies et sans les maintenir par la force dans le cadre d'un «tout unique»; car l'impérialisme ne peut rapprocher les nations que par la voie des annexions et des conquêtes coloniales, sans lesquelles on ne saurait, d'une façon générale, le concevoir.

Pour le communisme, au contraire, ces tendances ne sont que les deux aspects d'une seule chose, de l'émancipation des peuples opprimés du joug de l'impérialisme. Car le communisme sait que l'union des peuples dans une économie mondiale unique n'est possible que sur les bases d'une confiance mutuelle et d'un accord librement consenti; que la voie de la formation d'une union librement consentie des peuples passe par la séparation des colonies d'avec le «tout» impérialiste «unique», passe par leur transformation en Etats indépendants.

De là, la nécessité d'une lutte opiniâtre, incessante, résolue, contre le chauvinisme métropolitain des «socialistes» des nations dominantes (Angleterre, France, Amérique, Italie, Japon, etc.) qui ne veulent pas combattre leurs gouvernements impérialistes, ne veulent pas soutenir la lutte des peuples opprimés de «leurs» colonies pour s'affranchir du joug, pour se constituer en Etats.

Sans une telle lutte on ne saurait concevoir l'éducation de la classe ouvrière des nations dominantes dans l'esprit du véritable internationalisme, dans l'esprit d'un rapprochement avec les masses laborieuses des pays dépendants et des colonies, dans l'esprit d'une véritable préparation de la révolution prolétarienne. La révolution n'aurait pas vaincu en Russie, et Koltchak et Dénikine n'auraient pas été battus si le prolétariat russe n'avait eu pour lui la sympathie et l'appui des peuples opprimés de l'ancien Empire russe. Mais pour gagner la sympathie et l'appui de ces peuples, il lui avait fallu d'abord rompre les chaînes de l'impérialisme russe et libérer ces peuples de l'oppression nationale.

Sans cela, il eût été impossible de consolider le pouvoir soviétique, d'implanter l'internationalisme véritable, et de créer cette remarquable organisation de collaboration des peuples qui s'appelle l'Union des Républiques socialistes soviétiques, et qui est la préfiguration vivante de l'union future des peuples groupés dans une économie mondiale unique.

De là, la nécessité de combattre la tendance à se confiner dans le cadre strictement national, l'esprit d'étroitesse, le particularisme des socialistes des pays opprimés, qui ne veulent pas voir plus haut que leur clocher national, et ne comprennent pas le lien qui rattache le mouvement de libération de leur pays au mouvement prolétarien des pays dominants.

Sans une telle lutte, on ne saurait défendre la politique indépendante que doit mener le prolétariat des nations opprimées, ni sa solidarité de classe avec le prolétariat des pays dominants dans la lutte pour le renversement de l'ennemi commun, dans la lutte pour le renversement de l'impérialisme.

Sans cette lutte, l'internationalisme serait impossible.

Telle est la voie à suivre pour éduquer les masses laborieuses des nations dominantes et des nations opprimées dans l'esprit de l'internationalisme révolutionnaire.

Voici ce que dit Lénine de cette double tâche du communisme pour éduquer les ouvriers dans l'esprit de l'internationalisme :

« Cette éducation peut-elle... être concrètement identique pour les grandes nations qui oppriment et pour les petites nations opprimées ? Pour les nations annexionnistes et pour les nations annexées ?

Evidemment non. La marche vers un but unique, — l'égalité complète, le rapprochement le plus étroit et la fusion ultérieure de toutes les nations, — emprunte évidemment ici divers chemins concrets ; de même que pour arriver à un point situé au centre d'une page, on peut prendre à gauche en partant d'un bord, ou bien à droite en partant du bord opposé. Si, prêchant la fusion des nations en général, un social-démocrate d'une grande nation annexionniste qui opprime, oublie, fût-ce un instant, que «son» Nicolas II, «son» Guillaume, George, Poincaré et autres, sont eux aussi pour la fusion avec les petites nations (au moyen d'annexions) — Nicolas II est pour la «fusion» avec la Galicie, Guillaume II pour la «fusion» avec la Belgique, etc., — un tel social-démocrate ne sera qu'un doctrinaire ridicule en théorie, un auxiliaire de l'impérialisme dans la pratique.

Le centre de gravité de l'éducation internationaliste des ouvriers dans les pays oppresseurs, doit consister forcément dans la propagande et la défense de la liberté de séparation pour les pays opprimés. Sans cela, pas d'internationalisme. Nous sommes en droit et avons le devoir de traiter d'impérialiste et de coquin tout social-démocrate de nation qui opprime, ne faisant pas cette propagande. C'est là une revendication absolue, une telle séparation dût-elle n'être possible et «réalisable» avant l'avènement du socialisme, que dans un seul cas sur mille...

Au contraire, le social-démocrate d'une petite nation a le devoir de reporter le centre de gravité de son agitation sur la première partie de notre formule: «union libre» des nations. Sans violer ses obligations d'internationaliste, H peut être et pour l'indépendance politique de sa nation, et pour son inclusion dans un Etat voisin X, Y, Z, etc. Mais, dans tous les cas, il doit lutter contre la mesquine étroitesse nationale, contre la tendance à se confiner, à s'isoler, pour la prise en considération de l'ensemble et de la généralité du mouvement, pour la subordination de l'intérêt particulier à l'intérêt général.

Les gens qui n'ont pas creusé la question trouvent «contradictoire» que les social-démocrates des nations qui oppriment insistent sur la «liberté de séparation», et les social-démocrates des nations opprimées sur la «liberté d'union». Mais il suffit d'un peu de réflexion pour voir que, dans la situation donnée, il n'est et il ne peut y avoir d'autre voie vers l'internationalisme et la fusion des nations. »

(«Bilan de la discussion sur le droit des nations à disposer d'elles-mêmes», t. XIX, pp. 261-262.)

VII. Stratégie et tactique

De ce thème, je retiendrai six questions :

a)   la stratégie et la tactique, science de la direction de la lutte de classe du prolétariat ;

b)   les étapes de la révolution et la stratégie;

c)   les flux et les reflux du mouvement et la tactique;

d)   direction stratégique;

e)   direction tactique;

f)   réformisme et révolutionnisme.

1.   **La stratégie et la tactique, science de la direction de la lutte de classe du prolétariat.** La période de domination de la IIe Internationale a été, principalement, celle de la formation et de l'instruction des armées prolétariennes politiques dans les conditions d'un développement plus ou moins pacifique. Période où le parlementarisme était la forme prédominante de la lutte de

classes. Les questions concernant les grands conflits de classes, la préparation du prolétariat aux batailles révolutionnaires, les moyens de conquérir la dictature du prolétariat ne figuraient pas alors, semblait-il, à l'ordre du jour. La tâche se résumait en ceci : utiliser toutes les voies de développement légal pour la formation et l'instruction des armées prolétariennes, utiliser le parlementarisme en tenant compte des conditions dans lesquelles le prolétariat restait et devait, semblait-il, rester voué à une attitude d'opposition. Il est à peine besoin de démontrer que, dans une telle période, et avec une telle compréhension des tâches du prolétariat, il ne pouvait y avoir ni stratégie cohérente, ni tactique approfondie. Il n'y avait que des fragments, des idées détachées sur la tactique et la stratégie. Mais de tactique et de stratégie, point.

Le péché mortel de la IIe Internationale n'est pas d'avoir appliqué en son temps la tactique de l'utilisation des formes parlementaires de lutte, mais d'avoir surestimé l'importance de ces formes, qu'elle considérait comme les seules possibles ou peu s'en faut; et quand arriva la période des luttes révolutionnaires ouvertes, et que la question des formes de lutte extra-parlementaires vint se poser au premier plan, les partis de la IIe Internationale se détournèrent des nouvelles tâches, s'y refusèrent.

Ce n'est que dans la période suivante, période des actions ouvertes du prolétariat, période de la révolution prolétarienne, où la question du renversement de la bourgeoisie devint une question de pratique immédiate; où la question des réserves du prolétariat (stratégie) devint une des questions les plus vitales; où toutes les formes de lutte et d'organisation parlementaires et extra-parlementaires (tactique) — se manifestèrent avec une entière netteté, — ce n'est que dans cette période que purent être élaborées une stratégie cohérente et une tactique approfondie de la lutte du prolétariat. Précisément dans cette période, Lénine ramena au grand jour les idées géniales de Marx et d'Engels sur la tactique et la stratégie, idées que les opportunistes de la IIe Internationale avaient mises sous le boisseau. Mais Lénine ne se borna pas à rétablir tels principes tactiques de Marx et d'Engels. Il les développa, il les compléta par des idées et des thèses nouvelles, et réunit le tout en un système de règles et de principes directeurs pour guider la lutte de classe du prolétariat. Des ouvrages comme Que faire ?, Deux Tactiques, l'Impérialisme, l'Etat et la Révolution, la Révolution prolétarienne et le renégat Kautsky, la Maladie infantile, sont incontestablement un apport des plus précieux au trésor commun du marxisme, à son arsenal révolutionnaire. La stratégie et la tactique du léninisme, c'est la science de la direction de la lutte révolutionnaire du prolétariat.

2.		**Les étapes de la révolution et la stratégie.** La stratégie a pour objet de fixer la direction de l'effort principal du prolétariat, en se basant sur une étape donnée de la révolution ; d'élaborer un plan approprié de la disposition des forces révolutionnaires (réserves principales et secondaires), de lutter pour la réalisation de ce plan tout au long de l'étape envisagée de la révolution.

Stratégie et tactique

Notre révolution a déjà franchi deux étapes et, après la Révolution d'Octobre, elle s'est engagée dans la troisième. La stratégie a varié en conséquence.

<u>Première étape</u> : 1903-février 1917. But : abattre le tsarisme, liquider complètement les survivances moyenageuses. Force fondamentale de la révolution : le prolétariat. Réserve immédiate : la paysannerie. Direction de l'effort principal : isoler la bourgeoisie monarchiste libérale, qui tâche à gagner la paysannerie et à liquider la révolution par un accord avec le tsarisme. Plan de la disposition des forces : alliance de la classe ouvrière avec la paysannerie. «Le prolétariat doit faire jusqu'au bout la révolution démocratique, en s'adjoignant la masse paysanne, pour écraser par la force la résistance de l'autocratie et paralyser l'instabilité de la bourgeoisie.» (Lénine: Deux tactiques de la social-démocratie dans la révolution démocratique, t. VIII, p. 96.)

<u>Deuxième étape</u> : mars 1917-octobre 1917. But : abattre l'impérialisme en Russie et sortir de la guerre impérialiste. Force fondamentale de la révolution : le prolétariat. Réserve immédiate : la paysannerie pauvre. Le prolétariat des pays voisins: réserve probable. La guerre traînant en longueur et la crise de l'impérialisme, comme moment propice. Direction de l'effort principal : isoler la démocratie petite-bourgeoise (menchéviks, socialistes-révolutionnaires) qui tâche à gagner la masse des paysans travailleurs et à finir la révolution par un accord avec l'impérialisme. Plan de la disposition des forces : alliance du

prolétariat avec la paysannerie pauvre. «Le prolétariat doit faire la révolution socialiste en s'adjoignant la masse des éléments semi-prolétariens de la population, pour briser par la force la résistance de la bourgeoisie et paralyser l'instabilité de la paysannerie et de la petite bourgeoisie.» (Ibidem.)

<u>Troisième étape</u> : commencée après la Révolution d'Octobre. But : consolider la dictature du prolétariat dans un seul pays, et s'en servir comme d'un point d'appui pour vaincre l'impérialisme dans tous les pays. La révolution sort du cadre d'un seul pays, l'époque de la révolution mondiale a commencé. Forces fondamentales de la révolution : la dictature du prolétariat dans un pays, le mouvement révolutionnaire du prolétariat dans tous les pays. Principales réserves : les masses de semi-prolétaires et de petits paysans dans les pays développés, le mouvement de libération dans les colonies et pays dépendants. Direction de l'effort principal : isoler la démocratie petite-bourgeoise, isoler les partis de la IIe Internationale, qui constituent le principal appui de la politique d'entente avec l'impérialisme. Plan de la disposition des forces : alliance de la révolution prolétarienne avec le mouvement de libération des colonies et des pays dépendants.
La stratégie s'occupe des forces fondamentales de la révolution et de leurs réserves. Elle change chaque fois que la révolution passe d'une étape à l'autre, restant elle-même inchangée, pour l'essentiel, tout au long d'une étape donnée.

3.   **Les flux et les reflux du mouvement et la tactique.** La tactique a pour objet de fixer la ligne de conduite du prolétariat pendant la période relativement courte du flux ou du reflux du mouvement, de l'essor ou du déclin de la révolution ; de lutter pour l'application de cette ligne, en remplaçant les anciennes formes de lutte et d'organisation par de nouvelles, les anciens mots d'ordre par de nouveaux ; en combinant ces formes, etc. Si la stratégie a pour but de gagner la guerre, par exemple, contre le tsarisme ou la bourgeoisie, de mener jusqu'au bout la lutte contre le tsarisme ou la bourgeoisie, la tactique, elle, s'assigne des objectifs moins essentiels, car elle s'efforce de gagner, non pas la guerre dans son ensemble, mais telles ou telles batailles, tels ou tels combats, de réaliser avec succès telles ou telles campagnes, telles ou telles actions appropriées à la situation concrète, pendant une période donnée d'essor ou de déclin de la révolution. La tactique est une partie de la stratégie, subordonnée à celle-ci et destinée à la servir.

La tactique change selon les flux et les reflux. Tandis que, durant la première étape de la révolution (1903-février 1917), le plan stratégique restait sans changement, la tactique, pendant ce temps, s'est modifiée à plusieurs reprises. Dans la période 1903-1905, la tactique du Parti était offensive, car c'était le flux de la révolution, le mouvement révolutionnaire suivait une ligne ascendante, et c'est sur ce fait que la tactique devait se baser. En conséquence, les formes de lutte, elles aussi, étaient révolutionnaires et répondaient aux exigences du flux de la révolution. Grèves politiques locales, manifestations politiques, grève politique générale, boycottage de la Douma, insurrection, mots d'ordre révolutionnaires de combat, telles sont les formes de lutte qui se succédèrent durant cette période. Les formes d'organisation, elles aussi, changeaient en rapport avec les formes de lutte. Comités d'usine, comités paysans révolutionnaires, comités de grève, Soviets de députés ouvriers, parti ouvrier plus ou moins déclaré, telles étaient les formes d'organisation durant cette période.

Dans la période 1907-1912, le Parti fut contraint de passer à la tactique de retraite, car nous avions alors un déclin du mouvement révolutionnaire, un reflux de la révolution et la tactique devait nécessairement tenir compte de ce fait. En conséquence, les formes de lutte changèrent également, de même que les formes d'organisation. Au lieu du boycottage de la Douma, participation à la Douma; au lieu d'actions révolutionnaires extra-parlementaires déclarées, interventions et travail à la Douma; au lieu de grèves politiques générales, grèves économiques partielles, ou simplement accalmie. On conçoit que, durant cette période, le Parti ait dû passer dans l'illégalité; quant aux organisations révolutionnaires de masse, elles furent remplacées par des sociétés d'éducation et de culture, coopératives, caisses d'assurances et autres organisations légales.

Il faut en dire autant de la deuxième et de la troisième étapes de la révolution, pendant lesquelles la tactique changea des dizaines de fois, cependant que les plans stratégiques demeuraient inchangés.

La tactique s'occupe des formes de lutte et des formes d'organisation du prolétariat, de leur succession et de leur combinaison. Basée sur une étape donnée de la révolution, la tactique peut varier à plusieurs reprises, selon les flux ou les reflux, selon l'essor ou le déclin de la révolution.

4. <u>Direction stratégique</u>. Les réserves de la révolution peuvent être :

Directes :

a) la paysannerie et, en général, les couches intermédiaires de la population du pays;

b) le prolétariat des pays voisins;

c) le mouvement révolutionnaire dans les colonies et les pays dépendants;

d) les conquêtes et les acquisitions de la dictature du prolétariat, à une partie desquelles le prolétariat peut, tout en gardant la supériorité des forces, renoncer temporairement afin d'obtenir à ce prix une trêve d'un adversaire puissant; et

Indirectes :

a) les contradictions et conflits entre les classes non prolétariennes du pays, susceptibles d'être utilisés par le prolétariat pour affaiblir l'adversaire et renforcer ses propres réserves;

b) les contradictions, conflits et guerres (guerre impérialiste, par exemple), qui éclatent entre les Etats bourgeois hostiles à l'Etat prolétarien, et que le prolétariat peut utiliser dans son offensive ou lorsqu'il manœuvre en cas de retraite forcée.

Il n'est guère besoin de s'étendre sur les réserves de la première catégorie, leur importance étant compréhensible à tous et à chacun. Quant aux réserves de la seconde catégorie, dont le rôle n'apparaît pas toujours clairement, il faut dire qu'elles sont parfois d'une importance primordiale pour la marche de la révolution. On ne saurait guère nier, par exemple, l'importance énorme du conflit entre la démocratie petite-bourgeoise (socialistes-révolutionnaires) et la bourgeoisie monarchiste libérale (cadets), pendant et après la première révolution, conflit qui, incontestablement, a contribué à soustraire la paysannerie à l'influence de la bourgeoisie. Encore moins pourrait-on nier l'importance colossale de la guerre à mort que se livraient les principaux groupes impérialistes dans la période de la Révolution d'Octobre, lorsque, occupés à se faire la guerre les uns aux autres, les impérialistes ne pouvaient concentrer leurs forces contre le jeune pouvoir soviétique, et que justement pour cette raison, le prolétariat put se mettre sérieusement à l'organisation de ses forces, à la consolidation de son pouvoir, et préparer l'écrasement de Koltchak et de Dénikine. Il faut croire que, maintenant que les antagonismes entre les groupes impérialistes s'accentuent de plus en plus et qu'une nouvelle guerre devient inévitable entre eux, les réserves de ce genre auront pour le prolétariat une importance de plus en plus sérieuse.

La direction stratégique a pour objet d'utiliser judicieusement toutes ces réserves, afin d'atteindre le but fondamental de la révolution à une étape donnée de son développement.

Stratégie et tactique

En quoi consiste l'utilisation judicieuse des réserves ?

A remplir certaines conditions indispensables, dont celles qui suivent doivent être considérées comme les principales :

Premièrement. Concentration des principales forces de la révolution au moment décisif sur le point le plus vulnérable pour l'adversaire, lorsque la révolution est déjà mûre, que l'offensive marche à toute vapeur, que l'insurrection frappe à la porte, et que le ralliement des réserves à l'avant-garde est la condition décisive du succès. La stratégie du Parti dans la période d'avril à octobre 1917 peut être considérée comme un exemple illustrant une pareille utilisation des réserves. Dans cette période, le point le plus vulnérable pour l'adversaire était incontestablement la guerre. Il est certain que précisément sur cette question, en tant que question fondamentale, le Parti rassembla autour de l'avant-garde prolétarienne les masses profondes de la population. Dans cette période, la stratégie du Parti se résumait en ceci : enseigner à l'avant-garde les actions de rue par des manifestations et des démonstrations, et en même temps lui amener les réserves par l'intermédiaire des Soviets à l'arrière et des comités de soldats sur le front. L'issue de la révolution a montré que les réserves avaient été utilisées d'une façon judicieuse.

Voici ce que Lénine, paraphrasant les thèses bien connues de Marx et d'Engels sur l'insurrection, dit à propos de cette condition de l'utilisation stratégique des forces de la révolution :

1)   Ne jamais jouer avec l'insurrection et, quand on la commence, être bien pénétré de l'idée qu'il faut marcher jusqu'au bout.

2)   Rassembler, à l'endroit décisif, au moment décisif, des forces de beaucoup supérieures à celles de l'ennemi, sinon ce dernier, mieux préparé et mieux organisé, anéantira les insurgés.

3)   L'insurrection une fois commencée, il faut agir avec la plus grande décision et passer absolument, coûte que coûte, à l'offensive. «La défensive est la mort de l'insurrection armée.»

4)   Il faut s'efforcer de prendre l'ennemi au dépourvu, de saisir le moment où ses troupes sont dispersées.

5)   Il faut remporter chaque jour des succès, même peu considérables (on peut dire : à chaque heure, quand il s'agit d'une ville), en gardant à tout prix l'«avantage moral».

(«Conseils d'un absent», t. XXI, pp. 319- 320.)

Deuxièmement. Bien choisir le moment pour porter le coup décisif, le moment pour déclencher l'insurrection, et qui doit être celui où la crise a atteint son point culminant ; où l'avant-garde est prête à se battre jusqu'au bout ; où les réserves sont prêtes à soutenir l'avant-garde et où le désarroi est le plus fort dans les rangs de l'adversaire.

Stratégie et tactique

On peut, dit Lénine, considérer que le moment est venu pour la bataille décisive si «(1) toutes les forces de classes qui nous sont hostiles sont suffisamment en difficulté, se sont suffisamment entredéchirées, sont suffisamment affaiblies par une lutte qui est au-dessus de leurs moyens.; si «(2) tous les éléments intermédiaires, hésitants, chancelants, inconstants — la petite bourgeoisie, la démocratie petite-bourgeoise par opposition à la bourgeoisie — se sont suffisamment démasqués devant le peuple, suffisamment déshonorés par leur faillite pratique»; si «(3) dans le prolétariat un puissant mouvement d'opinion se fait jour et commence à gagner les masses à l'action la plus décisive, la plus résolument hardie et révolutionnaire contre la bourgeoisie. C'est alors que la révolution est mûre, c'est alors que, si nous avons bien tenu compte de toutes les conditions indiquées plus haut... si nous avons bien choisi le moment, notre victoire est assurée».

(La Maladie infantile, t. XXV, p. 229.)

L'organisation de l'insurrection d'Octobre peut être considérée comme un modèle d'application d'une telle stratégie.

Ne pas observer cette condition mène à une faute dangereuse qu'on appelle la «perte de cadence»; il en est ainsi lorsque le Parti retarde sur la marche du mouvement, ou le devance de trop loin, ce qui crée le danger d'un échec. Un exemple de cette «perte de cadence», un exemple de la façon dont on ne doit pas choisir le moment de l'insurrection, c'est la tentative d'une partie de nos camarades de commencer l'insurrection par l'arrestation de la Conférence démocratique en septembre 1917, alors qu'une hésitation se faisait encore sentir dans les Soviets; que l'armée du front était encore à la croisée des chemins, et que les réserves n'avaient pas encore rallié l'avant- garde.

Troisièmement. La direction une fois adoptée, la suivre sans défaillance au travers des difficultés et des complications de tout genre et de tout ordre sur le chemin conduisant au but, afin que l'avant-garde ne perde pas de vue le but essentiel de la lutte, et que les masses ne s'égarent pas en marchant vers ce but et en s'efforçant de se grouper autour de l'avant-garde. Ne pas observer cette condition mène à une faute grave, bien connue des marins, qui l'appellent «perte de la direction». Il faut considérer comme un exemple de cette «perte de direction», l'attitude erronée de notre Parti, immédiatement après la Conférence démocratique, lorsqu'il prit la décision de participer au Préparlement. A ce moment, le Parti semblait avoir oublié que le Préparlement était une tentative de la bourgeoisie de faire dévier le pays de la voie des Soviets afin de l'entraîner dans celle du parlementarisme bourgeois; que la participation du Parti à une pareille institution pouvait brouiller toutes les cartes et désorienter les ouvriers et les paysans, qui menaient la lutte révolutionnaire sous le mot d'ordre: «Tout le pouvoir aux Soviets.» Cette faute fut corrigée par la sortie des bolchéviks du Préparlement.

Quatrièmement. Manoeuvrer avec ses réserves de façon à se replier en bon ordre, lorsque l'ennemi est fort, que la retraite est inévitable, qu'il est notoirement désavantageux

Stratégie et tactique

d'accepter la bataille que l'adversaire veut imposer, et que la retraite, vu le rapport des forces en présence, devient l'unique moyen de soustraire l'avant-garde au coup qui la menace, et de lui conserver ses réserves.

Les partis révolutionnaires, dit Lénine, doivent parachever leur instruction. Ils ont appris à mener l'offensive. Il faut comprendre maintenant qu'il est indispensable de compléter cette science par la science de la retraite opérée dans les règles. Il faut comprendre — et la classe révolutionnaire s'applique à comprendre par sa propre et amère expérience, — qu'il est impossible de vaincre sans avoir appris la science de l'offensive et de la retraite opérée dans les règles.

(Ibidem, p. 177.)

Le but d'une telle stratégie est de gagner du temps, de démoraliser l'adversaire et d'accumuler des forces pour, ensuite, passer à l'offensive.

La conclusion de la paix de Brest-Litovsk peut être considérée comme un modèle de cette stratégie. Elle permit au Parti de gagner du temps, d'exploiter les conflits dans le camp de l'impérialisme, de démoraliser les forces de l'adversaire, de garder avec soi la paysannerie et d'accumuler des forces pour préparer l'offensive contre Koltchak et Dénikine.

En concluant une paix séparée, disait alors Lénine, nous nous débarrassons, autant qu'il est possible à l'heure actuelle, des deux groupes impérialistes ennemis, en profitant de leur hostilité et de la guerre qui les empêche de s'entendre contre nous; nous en profitons, et cela nous permet, pendant une certaine période, d'avoir les coudées franches pour continuer et affermir la révolution socialiste.

(«Thèses sur la conclusion immédiate d'une paix séparée et annexionniste», t. XXII, p. 198.)

Aujourd'hui, disait Lénine trois ans après la paix de Brest-Litovsk, tous, jusqu'au dernier imbécile, comprennent que la «paix de Brest-Litovsk» fut une concession qui nous avait renforcés, et avait divisé les forces de l'impérialisme international.

(«Nouveaux temps, erreurs anciennes sous une forme nouvelle», t. XXVII, p. 7.).

Telles sont les principales conditions garantissant la juste direction stratégique.

5.   **Direction tactique.** La direction tactique est une partie de la direction stratégique, subordonnée aux tâches et aux exigences de cette dernière. La direction tactique a pour objet de s'assimiler toutes les formes de lutte et d'organisation du prolétariat, et d'assurer leur utilisation judicieuse afin d'obtenir, dans un rapport de forces donné, le maximum de résultats, nécessaire à la préparation du succès stratégique.

En quoi consiste l'utilisation judicieuse des formes de lutte et d'organisation du prolétariat ?

A remplir certaines conditions indispensables, dont celles qui suivent doivent être considérées comme les principales :

Stratégie et tactique

Premièrement. Mettre au premier plan précisément les formes de lutte et d'organisation qui correspondent le mieux aux conditions d'un flux ou reflux donné du mouvement, peuvent faciliter et assurer l'acheminement des masses vers les positions. révolutionnaires, l'acheminement des masses innombrables vers le front de la révolution, leur répartition sur ce front.

Ce qui importe, ce n'est pas que l'avant-garde prenne conscience de l'impossibilité de maintenir l'ancien ordre de choses et de la nécessité inéluctable de son renversement. Ce qui importe, c'est que les masses, les masses innombrables, comprennent cette nécessité et se montrent prêtes à soutenir l'avant-garde. Mais cela, les masses ne peuvent le comprendre que par leur propre expérience. Donner aux innombrables masses la possibilité de constater par leur propre expérience que le renversement de l'ancien pouvoir est inéluctable; mettre en avant des moyens de lutte et des formes d'organisation leur permettant de se rendre plus facilement compte, par l'expérience, de la justesse des mots d'ordre révolutionnaires: telle est la tâche.

L'avant-garde se serait détachée de la classe ouvrière, et celle-ci aurait perdu le contact avec les masses, si le Parti n'avait pas décidé, en son temps, de participer à la Douma; s'il n'avait pas décidé de concentrer ses forces sur le travail à la Douma et de déployer la lutte sur la base de ce travail, afin de permettre aux masses de constater, par leur propre expérience, la nullité de la Douma, le mensonge des promesses des cadets, l'impossibilité d'un accord avec le tsarisme, la nécessité inéluctable d'une alliance entre la paysannerie et la classe ouvrière. Sans cette expérience des masses pendant la période de la Douma, il eût été impossible de démasquer les cadets et d'assurer l'hégémonie du prolétariat.

Le danger de la tactique de l'otzovisme[9] était qu'elle menaçait de détacher l'avant- garde de ses innombrables réserves.

Le Parti se serait détaché de la classe ouvrière, et celle-ci aurait perdu son influence dans les grandes masses de paysans et de soldats, si le prolétariat avait suivi les communistes «de gauche» qui appelaient à l'insurrection en avril 1917, alors que les menchéviks et les socialistes-révolutionnaires n'avaient pas encore eu le temps de se démasquer comme partisans de la guerre et de l'impérialisme, que les masses n'avaient pas encore eu le temps de constater, par leur propre expérience, le mensonge des discours des menchéviks et des socialistes-révolutionnaires sur la paix, la terre, la liberté. Sans l'expérience des masses pendant la période de Kérenski, les menchéviks et les socialistes-révolutionnaires n'auraient pas été isolés, et la dictature du prolétariat eût été impossible. C'est pourquoi la tactique de l'«explication patiente» des fautes des partis petits-bourgeois, et de la lutte ouverte au sein des Soviets, était la seule tactique juste.

---

[9] «Otzovisme» (du mot russe: otzovat — rappeler), tendance petite-bourgeoise opportuniste qui se fit jour aux années de réaction (1908-1912) dans les rangs du Parti bolchévik. Les otzovistes réclamaient le rappel des députés social-démocrates de la Douma d'Etat et l'abandon du travail dans les syndicats et les autres organisations. ouvrières légales.

Stratégie et tactique

Le danger de la tactique des communistes «de gauche» était qu'elle menaçait de transformer le Parti, de chef de la révolution prolétarienne, en une poignée de conspirateurs creux et inconsistants.

On ne peut, dit Lénine, vaincre avec l'avant-garde seule. Jeter l'avant-garde seule dans la bataille décisive tant que la classe tout entière, tant que les grandes masses n'ont pas pris soit une attitude d'appui direct à l'avant-garde, soit tout au moins de neutralité bienveillante... serait non seulement une sottise, mais un crime. Or, pour que vraiment la classe tout entière, pour que vraiment les grandes masses de travailleurs et d'opprimés du Capital en arrivent à prendre une telle position, la propagande seule, l'agitation seule, ne suffisent pas. Pour cela, il faut la propre expérience politique de ces masses. Telle est la loi fondamentale de toutes les grandes révolutions, loi confirmée maintenant avec une force et un relief frappants, non seulement par la Russie, mais aussi par l'Allemagne. Ce ne sont pas seulement les masses incultes, souvent illettrées, de Russie, ce sont aussi les masses d'Allemagne, hautement cultivées, sans un seul analphabète, qui ont dû éprouver à leurs dépens toute la faiblesse, toute la veulerie, toute l'impuissance, toute la servilité devant la bourgeoisie, toute la lâcheté du gouvernement des paladins de la IIe Internationale, tout ce qu'il y a d'inévitable dans la dictature des ultra-réactionnaires (Kornilov en Russie, Kapp et consorts en Allemagne), alternative unique en face de la dictature du prolétariat, pour se tourner résolument vers le communisme.

(La Maladie infantile, t. XXV, p. 228.)

Deuxièmement. Trouver à chaque moment donné, dans la chaîne des processus, ce maillon particulier qui permet, si l'on s'en saisit, de tenir toute la chaîne et de préparer les conditions du succès stratégique.

Ce qui importe, c'est précisément de dégager, parmi les tâches qui se posent devant le Parti, la tâche immédiate dont la solution constitue le point central et dont l'accomplissement assurera la solution heureuse des autres tâches immédiates.

On pourrait démontrer l'importance de cette thèse par deux exemples empruntés, l'un au passé lointain (période de la formation du Parti), l'autre au passé tout récent (période de la Nep).

Dans la période de la formation du Parti, lorsque les innombrables cercles et organisations n'étaient pas encore reliés entre eux; que le travail à la mode artisanale et par cercles isolés rongeait le Parti du haut en bas; que le désarroi idéologique était le trait caractéristique de la vie intérieure du Parti, dans cette période le maillon essentiel de la chaîne, la tâche fondamentale, entre toutes celles qui se dressaient alors devant le Parti, était la création d'un journal illégal pour toute la Russie (Iskra). Pourquoi ? Parce que, dans les conditions d'alors, ce n'était qu'au moyen d'un journal illégal pour toute la Russie que l'on pouvait créer dans le Parti un noyau cohérent, capable de rattacher en un tout les innombrables cercles et organisations, de préparer les conditions de l'unité idéologique et tactique, et de jeter ainsi les bases pour la constitution d'un véritable parti.

Stratégie et tactique

Dans la période de transition de la guerre à l'oeuvre de construction économique, alors que l'industrie végétait en proie à la désorganisation, et que l'agriculture souffrait du manque des produits de la ville; que la soudure de l'industrie d'Etat avec l'économie paysanne était devenue la condition fondamentale du succès de l'édification socialiste, — en cette période le maillon essentiel de la chaîne des processus, la tâche fondamentale entre toutes, était le développement du commerce. Pourquoi ? Parce que, dans les conditions de la Nep, la soudure de l'industrie avec l'économie paysanne est impossible autrement que par le commerce; parce que, dans les conditions de la Nep, la production sans l'écoulement des marchandises est la mort de l'industrie; parce qu'on ne peut élargir l'industrie qu'en élargissant l'écoulement des marchandises par le développement du commerce; parce que c'est seulement après s'être consolidé dans le domaine du commerce et rendu maître de ce dernier, c'est seulement après s'être saisi de ce maillon, que l'on peut espérer souder l'industrie au marché rural, et résoudre avec succès les autres problèmes à l'ordre du jour, afin de créer les conditions nécessaires pour construire les fondements de l'économie socialiste.

Il ne suffit pas d'être un révolutionnaire et un partisan du socialisme, ou un communiste en général... dit Lénine. Il faut savoir trouver, à chaque moment donné, le maillon précis dont on doit se saisir de toutes ses forces pour retenir toute la chaîne et préparer solidement le passage au maillon suivant...

A l'heure présente... ce maillon c'est l'animation du commerce intérieur, soumis à une juste réglementation (orientation) de la part de l'Etat Le commerce, voilà le «maillon» dans la chaîne d'événements historiques, dans les formes transitoires de notre oeuvre de construction socialiste de 1921-1922; maillon «dont nous devons nous saisir de toutes nos forces»...

(«De l'importance de l'or maintenant et après la victoire complète du socialisme», t. XXVII, p. 82.)

Telles sont les principales conditions qui assurent une direction tactique juste.

6) **Réformisme et révolutionnisme.** En quoi la tactique révolutionnaire se distingue-t-elle de la tactique réformiste ?

D'aucuns pensent que le léninisme est, en général, contre les réformes, contre les compromis et les accords. C'est absolument faux. Les bolchéviks savent tout aussi bien que les autres que, en un certain sens, «tout don est un bienfait»; que dans certaines circonstances les réformes en général, les compromis et les accords en particulier, sont nécessaires et utiles.

Faire la guerre, dit Lénine, pour le renversement de la bourgeoisie internationale, guerre cent fois plus difficile, plus longue, plus compliquée que la plus acharnée des guerres ordinaires entre Etats, et renoncer d'avance à louvoyer, à exploiter les antagonismes d'intérêts (fussent-ils momentanés) qui divisent nos ennemis, à passer des accords et des compromis avec des alliés possibles (fussent-ils temporaires, peu sûrs, chancelants, conditionnels), n'est-ce pas d'un ridicule achevé ? N'est-ce pas quelque chose comme de renoncer d'avance, dans l'ascension difficile d'une montagne inexplorée et inaccessible jusqu'à ce jour, à marcher parfois en zigzags, à revenir parfois en arrière, à renoncer à la direction une fois choisie pour essayer des directions différentes ?

(La Maladie infantile, t. XXV, p. 210.)

Il ne s'agit évidemment pas des réformes ou des compromis et accords, mais de l'usage que les gens font des accords et des réformes.

Pour le réformiste, la réforme est tout; le travail révolutionnaire, lui, n'est là que pour l'apparence, pour en parler, pour jeter de la poudre aux yeux. C'est pourquoi, avec la tactique réformiste, dans les conditions du pouvoir bourgeois une réforme devient de façon inévitable un instrument de renforcement de ce pouvoir, un instrument de désagrégation de la révolution.

Pour le révolutionnaire, au contraire, le principal c'est le travail révolutionnaire, et non la réforme; pour lui, la réforme n'est que le produit accessoire de la révolution. C'est pourquoi, avec la tactique révolutionnaire, dans les conditions du pouvoir bourgeois, une réforme devient naturellement un instrument de désagrégation de ce pouvoir, un instrument de renforcement de la révolution, un point d'appui pour le développement continu du mouvement révolutionnaire.

Le révolutionnaire accepte la réforme afin de l'utiliser comme un prétexte pour combiner l'action légale et l'action illégale, afin de s'en servir comme d'un paravent pour renforcer le travail illégal en vue de la préparation révolutionnaire des masses au renversement de la bourgeoisie.

C'est là l'essence de l'utilisation révolutionnaire des réformes et des accords dans   les conditions de l'impérialisme.

Le réformiste, au contraire, accepte les réformes pour renoncer à tout travail illégal, faire échec à la préparation des masses pour la révolution, et se reposer à l'ombre de la réforme «octroyée».

C'est là l'essence de la tactique réformiste.

Ainsi en est-il des réformes et des accords dans les conditions de l'impérialisme.

Toutefois, la situation change quelque peu après le renversement de l'impérialisme, sous la dictature du prolétariat. Dans certains cas, dans certaines conditions, le pouvoir prolétarien peut se trouver forcé d'abandonner provisoirement la voie de la refonte révolutionnaire de l'ordre de choses existant, pour s'engager dans la voie de sa transformation graduelle, «dans la voie réformiste» — comme le dit Lénine dans son article que l'on connaît: «De l'importance de l'or», — dans la voie des mouvements tournants, dans la voie des réformes et des concessions aux classes non prolétariennes, afin de désagréger ces classes, de donner un temps de répit à la révolution, de rassembler ses forces et de préparer les conditions d'une nouvelle offensive. Cette voie, on ne saurait le nier, est, en un certain sens, une voie «réformiste». Seulement, il faut se souvenir qu'ici nous sommes en présence d'une particularité fondamentale, c'est que la réforme émane, en l'espèce, du pouvoir prolétarien; qu'elle fortifie le pouvoir prolétarien, lui donne la trêve nécessaire; qu'elle est appelée à désagréger non la révolution, mais les classes non prolétariennes.

Ainsi la réforme, dans ces conditions, se change en son contraire.

L'application d'une telle politique par le pouvoir prolétarien devient possible pour la raison, et pour la raison seule, que, dans la période précédente, l'essor de la révolution a été suffisamment grand et lui a donné un espace suffisamment large pour pouvoir battre en retraite, en remplaçant la tactique de l'offensive par la tactique du recul momentané, par la tactique des mouvements tournants. Ainsi donc, si autrefois, sous le pouvoir bourgeois, les réformes étaient un produit accessoire de la révolution, maintenant, sous la dictature du prolétariat, la source des réformes est constituée par les conquêtes révolutionnaires du prolétariat, les réserves accumulées chez le prolétariat et composées de ces conquêtes.

Seul le marxisme, dit Lénine, définit de façon précise et juste le rapport entre les réformes et la révolution; et Marx n'a pu voir ce rapport que d'un seul côté, savoir: dans les conditions précédant la première victoire plus ou moins solide, plus ou moins durable du prolétariat dans un pays au moins. Dans les conditions d'alors, ce rapport juste reposait sur le principe suivant: les réformes sont un produit accessoire de la lutte de classe révolutionnaire du prolétariat... Après la victoire du prolétariat au moins dans un pays, il survient du nouveau dans le rapport des réformes et de la révolution. En principe tout reste comme devant, mais il se produit dans la forme un changement que Marx lui-même ne pouvait prévoir, mais dont on ne peut se rendre compte qu'en se plaçant sur le terrain de la philosophie et de la politique du marxisme... Après la victoire, elles (c'est-à-dire les réformes. J. Staline.) (tout en restant au point de vue international ce même «produit accessoire») constituent en outre pour le pays où la victoire a été remportée, une trêve indispensable, et légitime dans le cas où, à la suite d'une tension extrême, les forces manquent notoirement pour franchir, en suivant la voie révolutionnaire, telle ou telle étape. La victoire fournit une «provision de forces» permettant de tenir même pendant une retraite forcée, — de tenir aussi bien dans le sens matériel que dans le sens moral.

(«De l'importance de l'or», t. XXVII, pp. 84-85.)

VIII. Le Parti

Dans la période pré-révolutionnaire, dans la période de développement plus ou moins paisible, où les partis de la IIe Internationale étaient la force dominante dans le mouvement ouvrier, et où les formes parlementaires de lutte étaient considérées comme les principales, — dans ces circonstances, le Parti n'avait pas et ne pouvait pas avoir l'importance sérieuse et décisive qu'il a acquise par la suite au cours des batailles révolutionnaires ouvertes. Dans sa défense de la IIe Internationale contre les attaques dont elle est l'objet, Kautsky dit que les partis de la IIe Internationale sont un instrument de paix, et non de guerre; que précisément pour cette raison, ils n'ont pas été à même d'entreprendre quoi que ce fût de sérieux pendant la guerre, dans la période des actions révolutionnaires du prolétariat. C'est tout à fait exact. Mais qu'est-ce que cela signifie ? Cela signifie que les partis de la IIe Internationale ne sont pas bons pour la lutte révolutionnaire du prolétariat; qu'ils ne sont pas des partis de combat du prolétariat, menant les ouvriers à la conquête du pouvoir, mais un appareil électoral, approprié aux élections parlementaires et à la lutte parlementaire. Voilà ce qui explique justement le fait que, dans la période de domination des opportunistes de la IIe Internationale, l'organisation politique fondamentale du prolétariat n'était pas le parti, mais la fraction parlementaire. On sait qu'à cette époque, le parti était en fait un appendice de la fraction parlementaire et un élément destiné à la servir. Il est à peine besoin de démontrer que, dans ces conditions, avec un' tel parti à la tête, il ne pouvait être même question de préparer le prolétariat à la révolution.

Mais la situation a radicalement changé avec l'avènement de la nouvelle période. La nouvelle période est celle des collisions ouvertes entre les classes, la période des actions révolutionnaires du prolétariat, la période de la révolution prolétarienne, et de la préparation directe des forces au renversement de l'impérialisme, à la prise du pouvoir par le prolétariat. Cette période pose devant le prolétariat des tâches nouvelles: réorganisation de l'ensemble du travail du Parti, selon un mode nouveau, révolutionnaire; éducation des ouvriers dans l'esprit de la lutte révolutionnaire pour le pouvoir; préparation et rassemblement des réserves; alliance avec les prolétaires des pays voisins; établissement de liens solides avec le mouvement de libération des colonies et des pays dépendants, etc., etc. Croire que ces nouvelles tâches peuvent être accomplies avec les forces des vieux partis social-démocrates, éduqués dans les conditions paisibles du parlementarisme, c'est se vouer à un désespoir sans fond, à une défaite inévitable. Demeurer avec de telles tâches sur les bras, avec les vieux partis en tête, c'est demeurer en état de désarmement complet. Il est à peine besoin de démontrer que le prolétariat ne pouvait admettre une pareille situation.

Le Parti

De là, la nécessité d'un nouveau parti, d'un parti combatif, révolutionnaire, suffisamment courageux pour mener les prolétaires à la lutte pour le pouvoir, suffisamment expérimenté pour se retrouver dans les conditions complexes d'une situation révolutionnaire et suffisamment souple pour contourner les écueils de toute sorte sur le chemin conduisant au but.

Sans un tel parti, on ne saurait même songer à renverser l'impérialisme, à conquérir la dictature du prolétariat.

Ce nouveau parti, c'est le Parti du léninisme.

Quelles sont les particularités de ce nouveau parti?

1. **Le Parti, détachement d'avant-garde de la classe ouvrière.** Il faut que le Parti soit avant tout, le détachement d'avant-garde de la classe ouvrière. Il faut que le Parti absorbe tous les meilleurs éléments de la classe ouvrière, leur expérience, leur esprit révolutionnaire, leur dévouement infini à la cause du prolétariat. Mais pour être vraiment un détachement d'avant-garde, il faut que le Parti soit armé de la théorie révolutionnaire, de la connaissance des lois du mouvement, de la connaissance des lois de la révolution. Sinon, il n'est pas en mesure de diriger la lutte du prolétariat, de l'entraîner à sa suite. Le Parti ne peut être un parti véritable, s'il se borne à enregistrer ce qu'éprouve et pense la masse de la classe ouvrière; s'il se traîne à la remorque du mouvement spontané; s'il ne sait pas surmonter la routine et l'indifférence politique du mouvement spontané; s'il ne sait pas s'élever au-dessus des intérêts momentanés du prolétariat;

s'il ne sait pas élever les masses au niveau de la compréhension des intérêts de classe du prolétariat. Il faut que le Parti se trouve en tête de la classe ouvrière; il faut qu'il voie plus loin que la classe ouvrière; il doit conduire le prolétariat, et non pas se traîner à la remorque du mouvement spontané. Les partis de la IIe Internationale qui prêchent le «suivisme», sont des agents de la politique bourgeoise qui condamne le prolétariat au rôle d'instrument entre les mains de la bourgeoisie. Seul un parti se considérant comme un détachement d'avant-garde du prolétariat, et capable d'élever les masses au niveau de la compréhension des intérêts de classe du prolétariat, seul un tel parti est capable de détourner la classe ouvrière de la voie du trade-unionisme et de la transformer en une force politique indépendante.

Le Parti est le chef politique de la classe ouvrière.

J'ai parlé plus haut des difficultés de la lutte de la classe ouvrière, des conditions complexes de cette lutte, j'ai parlé de la stratégie et de la tactique, des réserves et des manoeuvres, de l'offensive et de la retraite. Ces conditions sont aussi complexes sinon plus, que celles de la guerre. Qui peut se reconnaître dans ces conditions ? Qui peut donner une orientation juste aux millions de prolétaires ? Aucune armée en guerre ne peut se passer d'un état-major expérimenté, si elle ne veut pas se vouer à la défaite. N'est-il pas clair que le prolétariat ne peut, à plus forte raison, se passer d'un tel état-major, s'il ne veut pas se donner en pâture à ses ennemis jurés ? Mais où trouver cet état-major ? Seul le parti révolutionnaire du prolétariat peut être cet état-major. La classe ouvrière, sans un parti révolutionnaire, est une armée sans état-major.

Le Parti est l'état-major de combat du prolétariat.

Mais le Parti ne saurait être seulement un détachement d'avant-garde. Il doit être en même temps un détachement de la classe, une partie de la classe, partie intimement liée à cette dernière par toutes les racines de son être. La distinction entre le détachement d'avant-garde et la masse restante de la classe ouvrière, entre les membres du Parti et les sans-parti ne peut disparaître tant que les classes n'auront pas disparu, tant que le prolétariat continuera à se compléter par des éléments issus d'autres classes; tant que la classe ouvrière dans son ensemble ne pourra s'élever au niveau de l'avant-garde. Mais le Parti ne serait plus le Parti, si cette distinction devait tourner en rupture, si le Parti se repliait sur lui-même et se détachait des masses sans-parti. Il ne peut diriger la classe, s'il n'est pas lié avec les masses. de sans-parti, s'il n'y a pas contact entre lui et les masses sans-parti; si celles-ci n'acceptent pas sa direction, si le Parti ne jouit pas dans les masses d'un crédit moral et politique.

Récemment, deux cent mille nouveaux adhérents ouvriers ont été admis dans notre Parti. Fait remarquable: tous ces gens sont moins venus d'eux-mêmes au Parti, qu'ils n'y ont été envoyés par toute la masse des sans-parti, qui a participé activement à l'admission de nouveaux membres, lesquels n'étaient pas admis sans son approbation. Ce fait montre que la grande masse des ouvriers sans-parti considère notre Parti comme son parti à elle, comme un parti qui lui est proche et cher, au développement et à la consolidation duquel elle a un intérêt vital, à la direction duquel elle confie volontairement son sort. Il est à peine besoin de démontrer que sans ces liens moraux insaisissables, qui relient le Parti aux masses sans-parti, il n'aurait pu devenir la force décisive de sa classe.

Le Parti est partie indissoluble de la classe ouvrière.

Nous sommes, dit Lénine, le Parti de la classe et c'est pourquoi presque toute la classe (et en temps de guerre, à l'époque de la guerre civile, absolument toute la classe) doit agir sous la direction de notre Parti, doit se serrer le plus possible autour de lui. Mais ce serait du manilovisme[10] et du «suivisme» que de penser que sous le capitalisme, presque toute la classe ou la classe tout entière sera un jour en état de s'élever au point d'acquérir le degré de conscience et d'activité de son détachement d'avant-garde, de son Parti social-démocrate. Sous le capitalisme, même l'organisation syndicale (plus primitive, plus accessible à la conscience des couches non développées) n'est pas en mesure d'englober presque toute, ou toute la classe ouvrière, et nul social-démocrate de bon sens n'en a jamais douté. Mais ce ne serait que se leurrer soi-même, fermer les yeux sur l'immensité de nos tâches, restreindre ces tâches, que d'oublier la différence entre le détachement d'avant- garde et toutes les masses qui gravitent autour de lui; que d'oublier l'obligation constante pour le détachement d'avant-garde de hausser des couches de plus en plus vastes à ce niveau avancé.

(Un pas en avant, deux pas en arrière. t. VI, pp. 205-206.)

---

[10] Placidité, inertie, fantaisie oiseuse. Manilov, personnage des Ames mortes de Gogol.

2.   **Le Parti, détachement organisé de la classe ouvrière**. Le Parti n'est pas seulement le détachement d'avant-garde de la classe ouvrière. S'il veut réellement diriger la lutte de celle-ci, il doit être aussi le détachement organisé de sa classe. Les tâches du Parti, dans les conditions du capitalisme, sont extrêmement étendues et variées. Le Parti doit diriger la lutte du prolétariat dans les conditions extrêmement difficiles du développement intérieur et extérieur; il doit mener le prolétariat à l'offensive lorsque la situation impose cette offensive; il doit soustraire le prolétariat aux coups d'un adversaire puissant, lorsque la situation impose la retraite; il doit inculquer à la masse innombrable des ouvriers sans-parti et inorganisés l'esprit de discipline et de méthode dans la lutte, l'esprit d'organisation et la fermeté. Mais le Parti ne peut s'acquitter de ces tâches que s'il est lui-même la personnification de la discipline et de l'esprit d'organisation; que s'il est lui-même un détachement organisé du prolétariat. Sans ces conditions, il ne saurait même être question d'une direction véritable des masses immenses du prolétariat par le Parti.

Le Parti est le détachement organisé de la classe ouvrière.

L'idée que le Parti est un tout organisé a été fixée dans la formule fameuse que Lénine a donnée du premier point des statuts de notre Parti, où celui-ci est considéré comme la somme de ses organisations et ses membres comme ceux d'une des organisations du Parti. Les menchéviks qui, déjà en 1903, se prononçaient contre cette formule, proposaient de la remplacer par un «système» d'auto-admission au Parti, «système» élargissant la «qualité» de membre du Parti, à tout «professeur» ou «collégien», à tout «sympathisant» ou «gréviste» soutenant d'une façon ou de l'autre le Parti, mais n'adhérant ni ne voulant adhérer à aucune de ses organisations. Il est à peine besoin de démontrer que ce «système» original, s'il s'était implanté dans notre Parti, aurait forcément abouti à le remplir à l'excès de professeurs et de collégiens, et à le faire dégénérer en une «formation» imprécise, amorphe, désorganisée, perdue dans un océan de «sympathisants», effaçant toute démarcation entre le Parti et la classe, renversant la tâche du Parti qui est d'élever les masses inorganisées au niveau du détachement d'avant-garde. Inutile de dire qu'avec un tel «système» opportuniste, notre Parti n'aurait pu accomplir son rôle de noyau organisateur de la classe ouvrière dans notre révolution.

Du point de vue du camarade Martov, dit Lénine, les limites du Parti restent absolument indéterminées, car «chaque gréviste» peut se déclarer membre du Parti». Quelle est l'utilité de cette imprécision? La large diffusion d'une «appellation». Elle a ceci de nuisible qu'elle comporte l'idée désorganisatrice de la confusion de la classe avec le Parti.

(Ibidem, p. 211.)

Mais le Parti n'est pas seulement la somme de ses organisations. Il est en même temps le système unique de ces organisations, leur union formelle en un tout comportant des organismes supérieurs et inférieurs de direction, la soumission de la minorité à la majorité, avec des décisions pratiques obligatoires pour tous les membres du Parti. Sans ces conditions, le Parti ne peut former un tout unique et organisé, capable d'assurer la direction méthodique et organisée de la lutte de la classe ouvrière.

Auparavant, dit Lénine, notre Parti n'était pas un tout formellement organisé, mais seulement une somme de groupes particuliers, ce qui fait qu'entre ces groupes il ne pouvait y avoir d'autres rapports que l'action idéologique. Maintenant nous sommes devenus un parti organisé; et cela signifie la création d'une autorité, la transformation du prestige des idées en prestige de l'autorité, la subordination des instances inférieures aux instances supérieures du Parti.

(Ibidem, p. 291.)

Le principe de la soumission de la minorité à la majorité, le principe de la direction du travail du Parti par un organisme central provoque souvent des attaques de la part des éléments instables, — des accusations de «bureaucratisme», de «formalisme», etc. Il est à peine besoin de démontrer que sans l'application de ces principes, le travail méthodique du Parti, comme un tout, et la direction de la lutte de la classe ouvrière seraient impossibles. Le léninisme, en matière d'organisation, est l'application stricte de ces principes. Lénine qualifie la lutte contre ces principes, de «nihilisme russe» et d'«anarchisme de grand seigneur», digne d'être tourné en ridicule et rejeté.

Voici ce que Lénine dit au sujet de ces éléments instables dans son livre *Un pas en avant*:

Cet anarchisme de grand seigneur est particulièrement propre au nihiliste russe. L'organisation du Parti lui semble une monstrueuse «fabrique», la soumission de la partie au tout et de la minorité à la majorité lui apparaît comme un «asservissement»..., la division du travail sous la direction d'un centre lui fait pousser des clameurs tragi-comiques contre la transformation des hommes en «rouages et ressorts»...; le seul rappel des statuts d'organisation du Parti provoque chez lui une grimace de mépris, et la remarque... dédaigneuse que l'on pourrait se passer entièrement de statuts...

Il est clair, je pense, que ces protestations contre le fameux bureaucratisme servent simplement à masquer le mécontentement de la composition des organismes centraux et ne sont qu'une feuille de vigne... Tu es un bureaucrate parce que tu as été nommé par le congrès non pas selon ma volonté, mais contre elle; tu es un formaliste parce que tu t'appuies sur les décisions formelles du congrès et non sur mon consentement; tu agis d'une façon grossièrement mécanique, parce que tu te réfères à la majorité «mécanique» du congrès du Parti, et ne tiens pas compte de mon désir d'être coopté; tu es un autocrate parce que tu ne veux pas remettre le pouvoir aux mains du vieux groupe de braves compagnons[11].

---

[11] Il s'agit ici de la «compagnie» d'Axelrod, Martov, Potressov et autres, qui ne se soumettaient pas aux décisions du IIe congrès et accusaient Lénine de «bureaucratisme». J. Staline.

(T. VI, pp. 310 et 287.)

3.   **Le Parti, forme suprême de l'organisation de classe du prolétariat.** Le Parti est le détachement organisé de la classe ouvrière. Mais il n'est pas l'organisation unique de la classe ouvrière. Le prolétariat possède encore toute une série d'autres organisations, sans lesquelles il ne peut lutter avec succès contre le Capital : syndicats, coopératives, organisations d'usine, fractions parlementaires, unions de femmes sans-parti, presse, organisations culturelles et éducatives, unions des jeunesses, organisations révolutionnaires de combat (pendant les actions révolutionnaires déclarées), Soviets de députés comme forme d'organisation d'Etat (si le prolétariat est au pouvoir), etc. L'énorme majorité de ces organisations sont des organisations sans-parti; et seulement quelques-unes d'entre elles sont directement rattachées au Parti, ou en sont une ramification. Toutes ces organisations sont, dans certaines conditions, absolument nécessaires à la classe ouvrière, car sans elles il est impossible de raffermir les positions de classe du prolétariat dans les diverses sphères de la lutte, impossible d'aguerrir le prolétariat comme une force appelée à remplacer l'ordre bourgeois par l'ordre socialiste. Mais comment réaliser l'unité de direction, étant donné le grand nombre de ces organisations ? Où est la garantie que leur multiplicité n'entraînera pas des incohérences dans la direction ? Ces organisations, dira-t-on, accomplissent leur travail chacune dans leur sphère spéciale et, par conséquent, ne peuvent se gêner les unes les autres. Cela est vrai,

évidemment. Mais il est vrai aussi que toutes ces organisations doivent mener leur action dans un sens unique, puisqu'elles servent une seule classe, la classe des prolétaires. On se demande : qui détermine cette ligne, cette direction générale que toutes les organisations doivent suivre dans leur travail? Quelle est l'organisation centrale qui, parce que pourvue de l'expérience nécessaire, est non seulement capable d'élaborer cette ligne générale, mais encore a la possibilité, parce que pourvue d'une autorité suffisante à cet effet, d'inciter toutes ces organisations à mettre cette ligne en pratique, afin d'obtenir l'unité de direction et d'exclure la possibilité des à-coups ?

Cette organisation, c'est le Parti du prolétariat.

Le Parti dispose, pour cela, de toutes les données nécessaires, premièrement, parce que le Parti est le point de ralliement des meilleurs éléments de la classe ouvrière, qui sont liés directement aux organisations sans-parti du prolétariat, et qui très fréquemment les dirigent; deuxièmement, parce qu'étant le point de ralliement de l'élite de la classe ouvrière, le Parti est la meilleure école pour la formation de leaders de la classe ouvrière, capables de diriger toutes les formes d'organisation de leur classe; troisièmement, parce qu'étant la meilleure école pour la formation de leaders de la classe ouvrière, le Parti est, par son expérience et son autorité, la seule organisation capable de centraliser la direction de la lutte du prolétariat, et de faire ainsi des organisations sans- parti les plus diverses de la classe ouvrière, les organismes auxiliaires et les courroies de transmission reliant le Parti à la classe.

Le Parti

Le Parti est la forme suprême d'organisation de classe du prolétariat.

Cela ne veut point dire, assurément, que les organisations sans-parti, syndicats, coopératives, etc., doivent être formellement subordonnées à la direction du Parti. Il faut simplement que les membres du Parti, adhérant à ces organisations où ils jouissent d'une influence incontestable, emploient tous les moyens de persuasion pour que les organisations sans-parti se rapprochent, dans leur travail, du Parti du prolétariat, et en acceptent de plein gré la direction politique.

Voilà pourquoi Lénine dit que le Parti est «la forme suprême de l'union de classe des prolétaires», dont la direction, politique doit s'étendre à toutes les autres formes d'organisation du prolétariat. (La Maladie infantile, t. XXV, p. 194.)

Voilà pourquoi la théorie opportuniste de l'«indépendance» et de la «neutralité» des organisations sans-parti, théorie qui multiplie le nombre des parlementaires indépendants et des publicistes détachés du Parti, des syndicalistes bornés et des coopérateurs embourgeoisés, est absolument incompatible avec la théorie et la pratique du léninisme.

4. **Le Parti, instrument de la dictature du prolétariat.** Le Parti est la forme suprême d'organisation du prolétariat. Il est le facteur essentiel de direction au sein de la classe des prolétaires et parmi les organisations de cette classe.

Mais il ne s'ensuit nullement qu'on puisse considérer le Parti comme une fin en soi, comme une force se suffisant à elle-même. Le Parti n'est pas seulement la forme suprême de l'union de classe des prolétaires, — il est en même temps, entre les mains du prolétariat, un instrument pour la conquête de la dictature, lorsqu'elle n'est pas encore conquise; pour la consolidation et l'extension de la dictature, lorsqu'elle est déjà conquise. Le Parti n'aurait pu élever si haut son importance, et il n'aurait pas prévalu sur toutes les autres formes d'organisation du prolétariat si celui-ci n'avait pas été placé devant la question du pouvoir, si les conditions créées par l'impérialisme, les guerres inévitables, l'existence de la crise n'eussent exigé la concentration de toutes les forces du prolétariat sur un seul point, le rassemblement de tous les fils du mouvement révolutionnaire en un seul endroit, afin de renverser la bourgeoisie et de conquérir la dictature du prolétariat. Le Parti est nécessaire au prolétariat avant tout comme état-major de combat, indispensable pour s'emparer victorieusement du pouvoir. Il est à peine besoin de démontrer que sans un parti capable de rassembler autour de lui les organisations de masse du prolétariat et de centraliser en cours de lutte la direction de l'ensemble du mouvement, le prolétariat n'aurait pu réaliser en Russie sa dictature révolutionnaire.

Mais le Parti n'est pas seulement nécessaire au prolétariat pour la conquête de la dictature; il est encore plus nécessaire pour maintenir la dictature, la consolider et l'étendre, afin d'assurer la victoire complète du socialisme.

Le Parti

Il est certain, dit Lénine, que presque tout le monde voit aujourd'hui que les bolchéviks ne se seraient pas maintenus au pouvoir, je ne dis pas deux années et demie, mais pas même deux mois et demi, sans la discipline la plus rigoureuse, sans la véritable discipline de fer dans notre Parti, sans l'appui total et indéfectible accordé à ce dernier par toute la masse de la classe ouvrière, c'est-à-dire par tout ce qu'elle possède de pensant, d'honnête, de dévoué jusqu'à l'abnégation, d'influent, d'apte à conduire derrière soi ou à entraîner les couches arriérées.

(Ibidem, p. 173.)

Mais, que signifie «maintenir» et «étendre» la dictature? C'est inculquer aux millions de prolétaires l'esprit de discipline et d'organisation; c'est créer dans les masses prolétariennes la cohésion et un rempart contre l'influence corrosive de l'élément petit- bourgeois et des habitudes petites-bourgeoises; c'est renforcer le travail d'organisation des prolétaires en vue de rééduquer et de transformer les couches petites-bourgeoises; c'est aider les masses prolétariennes à faire leur éducation pour devenir une force capable de supprimer les classes et de préparer les conditions nécessaires à l'organisation de la production socialiste. Or, tout cela est impossible à réaliser sans un parti, fort par sa cohésion et sa discipline.

La dictature du prolétariat, dit Lénine, est une lutte opiniâtre, sanglante et non sanglante, violente et pacifique, militaire et économique, pédagogique et administrative, contre les forces et les traditions de la vieille société. La force de l'habitude chez les millions et les dizaines de millions d'hommes est la force la plus terrible. Sans un parti de fer trempé dans la lutte, sans un parti jouissant de la confiance de tout ce qu'il y a d'honnête dans la classe en question, sans un parti sachant observer l'état d'esprit de la masse et influer sur lui, il est impossible de mener cette lutte avec succès.

(Ibidem, p. 190.)

Le prolétariat a besoin du Parti pour conquérir et maintenir sa dictature. Le Parti est l'instrument de la dictature du prolétariat.

Il s'ensuit donc que la disparition des classes et le dépérissement de la dictature du prolétariat doivent aussi entraîner le dépérissement du Parti.

5.   **Le Parti, unité de volonté incompatible avec l'existence de fractions.** La conquête et le maintien de la dictature du prolétariat sont impossibles sans un parti fort par sa cohésion et sa discipline de fer. Mais la discipline de fer dans le Parti ne saurait se concevoir sans l'unité de volonté, sans l'unité d'action complète et absolue de tous les membres du Parti. Cela ne signifie évidemment pas que de ce fait la possibilité d'une lutte d'opinions au sein du Parti soit exclue. Au contraire, la discipline de fer n'exclut pas, mais présuppose la critique et la lutte d'opinions au sein du Parti. Cela ne signifie pas, à plus forte raison, que la discipline doive être «aveugle». Au contraire, la discipline de fer n'exclut pas, mais présuppose la soumission consciente et librement consentie, car seule une discipline consciente peut

être réellement une discipline de fer. Mais une fois la lutte d'opinions terminée, la critique épuisée et la décision prise, l'unité de volonté et l'unité d'action de tous les membres du Parti sont la condition indispensable sans laquelle on ne saurait concevoir ni parti uni, ni discipline de fer dans le Parti.

En cette époque de guerre civile aiguë, dit Lénine, le Parti communiste ne pourra remplir son devoir que s'il est organisé de la façon la plus centralisée; que s'il est régi par une discipline de fer touchant de près à la discipline militaire, et que si le centre du Parti est un organisme jouissant d'une haute autorité, investi de pouvoirs étendus et bénéficiant de la confiance générale des membres du Parti.

(«Conditions d'admission des partis dans l'Internationale communiste», t. XXV, pp. 282-283.)

Voilà ce qu'il en est de la discipline du Parti, dans les conditions de lutte précédant la conquête de la dictature.
Il faut en dire autant, mais dans une plus grande mesure encore, de la discipline dans le Parti, après la conquête de la dictature.

Celui qui affaiblit tant soit peu, dit Lénine, la discipline de fer dans le parti du prolétariat (surtout pendant sa dictature) aide en réalité la bourgeoisie contre le prolétariat.

(La Maladie infantile, t. XXV, p.190.)

Il s'ensuit donc que l'existence de fractions est incompatible avec l'unité du Parti et avec sa discipline de fer. Il est à peine besoin de démontrer que l'existence de fractions entraîne la formation de plusieurs centres; or l'existence de plusieurs centres signifie l'absence d'un centre commun dans le Parti, la division de la volonté unique, le relâchement et la désagrégation de la discipline, le relâchement et la désagrégation de la dictature. Certes, les partis de la IIe Internationale qui combattent la dictature du prolétariat et ne veulent pas mener les prolétaires à la conquête du pouvoir, peuvent se permettre ce libéralisme qu'est la liberté des fractions, car ils n'ont aucunement besoin d'une discipline de fer. Mais les partis de l'Internationale communiste, organisant leur travail sur la base de cette tâche: conquête et consolidation de la dictature du prolétariat, — ne peuvent accepter ni «libéralisme», ni liberté de fractions.

Le Parti, c'est l'unité de volonté excluant tout fractionnisme et toute division du pouvoir dans le Parti.

C'est pourquoi Lénine montre le «danger du fractionnisme du point de vue de l'unité du Parti et de la réalisation de l'unité de volonté de l'avant-garde du prolétariat, condition essentielle du succès de la dictature du prolétariat», idée qui a été fixée dans une résolution spéciale adoptée au Xe congrès de notre Parti: «Sur l'unité du Parti».

C'est pourquoi Lénine réclame la «suppression complète de tout fractionnisme» et la «dissolution immédiate, de tous les groupes sans exception qui se sont constitués sur telle ou telle plate-forme», sous peine «d'exclusion certaine et immédiate du Parti». (Résolution «Sur l'unité du Parti».)

6.   **Le Parti se fortifie en s'épurant des éléments opportunistes.** Les éléments opportunistes du Parti, voilà la source du fractionnisme. Le prolétariat n'est pas une classe fermée. Sans cesse on voit affluer vers lui des éléments d'origine paysanne, petite-bourgeoise, des intellectuels prolétarisés par le développement du capitalisme. En même temps s'opère un processus de décomposition des couches supérieures du prolétariat, principalement parmi les dirigeants syndicaux et les parlementaires que la bourgeoisie entretient avec le surprofit[12] tiré des colonies. «Cette couche d'ouvriers embourgeoisés, dit Lénine, ou d'«aristocratie ouvrière», entièrement petits bourgeois par leur genre de vie, par leurs salaires, par toute leur conception du monde, est le principal soutien de la IIe Internationale, et de nos jours le principal soutien social (non militaire) de la bourgeoisie. Car ce sont de véritables agents de la bourgeoisie dans le mouvement ouvrier, des commis ouvriers de la classe des capitalistes..., de véritables propagateurs du réformisme et du chauvinisme.» (L'Impérialisme, t. XIX, p. 77.)

Tous ces groupes petits-bourgeois pénètrent d'une façon ou de l'autre dans le Parti; ils y apportent l'esprit d'hésitation et d'opportunisme, l'esprit de démoralisation et d'incertitude. Ce sont eux principalement qui représentent la

---

[12] Survaleur, plus-value… Cette notion change de nom selon les traductions

source du fractionnisme et de la désagrégation, la source de désorganisation du Parti qu'ils sapent du dedans. Faire la guerre à l'impérialisme en ayant de tels «alliés» à l'arrière, c'est s'exposer à essuyer le feu de deux côtés, du côté du front et de l'arrière. Aussi la lutte sans merci contre de tels éléments et leur expulsion du Parti sont-elles la condition préalable du succès de la lutte contre l'impérialisme.

La théorie selon laquelle on «peut venir à bout» des éléments opportunistes par une lutte idéologique au sein du parti, selon laquelle on doit «surmonter» ces éléments dans le cadre d'un parti unique, est une théorie pourrie et dangereuse, qui menace de vouer le parti à la paralysie et à un malaise chronique; elle menace de donner le parti en pâture à l'opportunisme; elle menace de laisser le prolétariat sans parti révolutionnaire; elle menace de priver le prolétariat de son arme principale dans la lutte contre l'impérialisme. Notre Parti n'aurait pas pu s'engager sur la grande route, il n'aurait pas pu prendre le pouvoir et organiser la dictature du prolétariat, il n'aurait pas pu sortir vainqueur de la guerre civile, s'il avait eu dans ses rangs des Martov et des Dan, des Potressov et des Axelrod. Si notre Parti a réussi à constituer son unité intérieure et la cohésion sans précédent qui règne dans ses rangs, c'est avant tout parce qu'il a su se purifier à temps de la souillure de l'opportunisme, parce qu'il a su chasser du Parti les liquidateurs et les menchéviks. La voie du développement et du renforcement des partis prolétariens passe par leur épuration des opportunistes et des réformistes, des social- impérialistes et des social-chauvins, des social-patriotes et des social-pacifistes.

Le Parti

Le Parti se fortifie en s'épurant des éléments opportunistes.

Si l'on compte dans ses rangs des réformistes, des menchéviks, dit Lénine, on ne saurait faire triompher la révolution prolétarienne, on ne saurait la sauvegarder. C'est un principe évident. L'expérience de la Russie et de la Hongrie l'a confirmé nettement... En Russie, maintes fois se sont présentées des situations difficiles dans lesquelles le régime soviétique eût certainement été renversé, si les menchéviks, les réformistes, les démocrates petits-bourgeois étaient demeurés dans notre Parti... en Italie où, de l'avis général, on s'achemine vers des batailles décisives du prolétariat contre la bourgeoisie, pour la conquête du pouvoir d'Etat. En un pareil moment, il n'est pas seulement d'une nécessité absolue d'exclure du Parti les menchéviks, les réformistes, les turatistes, il peut même être utile d'exclure d'excellents communistes, susceptibles d'hésiter et hésitant dans le sens de l'«unité» avec les réformistes, de les écarter de tous les postes importants... A la veille de la révolution et dans les moments de la lutte la plus acharnée pour sa victoire, les moindres hésitations au sein du Parti peuvent tout perdre, faire échouer la révolution, arracher le pouvoir des mains du prolétariat, ce pouvoir n'étant pas encore solide, les attaques qu'il subit étant encore trop fortes. Si, dans un tel moment, les chefs hésitants se retirent, cela n'affaiblit pas, mais renforce et le Parti, et le mouvement ouvrier, et la révolution.

(«Les discours hypocrites sur la liberté», t. XXV, pp. 462, 463, 464.)

IX. Le style dans le travail

Il ne s'agit pas ici du style littéraire. Je veux vous parler du style dans le travail, de ce qu'il y a de particulier et d'original dans la pratique du léninisme, de ce qui crée le type particulier de militant léniniste. Le léninisme est une école théorique et pratique, qui forme un type particulier de militant dans le Parti comme dans l'appareil d'Etat, qui crée un style particulier dans le travail, le style léniniste.

Quels sont les traits caractéristiques de ce style? Quelles en sont les particularités?

Ces particularités sont au nombre de deux :

a)   l'élan révolutionnaire russe et

b)   le sens pratique américain. Le style du léninisme, c'est l'alliance de ces deux particularités dans le travail au sein du Parti et dans l'appareil d'Etat.

L'élan révolutionnaire russe est un antidote contre l'inertie, la routine, le conservatisme, la stagnation de la pensée, la soumission servile aux traditions ancestrales. L'élan révolutionnaire russe, c'est cette force vivifiante qui éveille la pensée, pousse en avant, brise le passé, donne la perspective. Sans cet élan, aucun mouvement progressif n'est possible.

Mais dans la pratique, l'élan révolutionnaire russe a toutes les chances de dégénérer en manilovisme[13] «révolutionnaire» vide, s'il n'est pas uni au sens pratique américain dans le travail. Les exemples d'une telle dégénérescence, on en trouve tant et plus. Qui ne connaît la maladie de l'élucubration «révolutionnaire» et de la planomanie «révolutionnaire», dont la source est une foi aveugle en la puissance du décret qui peut tout arranger et tout transformer ? Dans un récit intitulé Ouskomtchel (l'Homme communiste perfectionné), un écrivain russe, I. Ehrenbourg, a dépeint un type de «bolchévik» qui, atteint de cette maladie, s'est donné pour but d'établir le schéma de l'homme perfectionné et idéal et... qui s'est «noyé» dans ce «travail». Il y a dans ce récit une grande part d'exagération; mais qu'il ait bien saisi le sens de cette maladie, cela ne fait point de doute. Il me semble, cependant, que personne ne s'est moqué de ces malades aussi cruellement, aussi implacablement que Lénine. «Vanité communiste», voilà comment il qualifiait cette foi maladive en l'élucubration et la décrétomanie.

---

[13] Placidité, inertie, fantaisie oiseuse. Manilov, personnage des Ames mortes de Gogol.

Le style dans le travail

La vanité communiste, dit Lénine, est le fait d'un homme qui, membre du Parti communiste d'où il n'a pas encore été expulsé, se figure pouvoir s'acquitter de toutes ses tâches à coups de décrets communistes.

(Discours prononcé au IIe congrès des travailleurs de l'enseignement politique de la RSFSR, le 17 octobre 1921, t. XXVII, pp. 50-51.)

Au verbiage «révolutionnaire» Lénine opposait généralement les tâches ordinaires, quotidiennes, soulignant par là que l'élucubration «révolutionnaire» est contraire et à l'esprit et à la lettre du léninisme authentique.

Moins de phrases pompeuses, dit Lénine, et plus de travail simple, quotidien...

Moins de caquetage politique et plus d'attention aux faits... les plus simples, mais vivants, de l'édification communiste.

(«La grande initiative», t. XXIV, pp. 343 et 335.)

Le sens pratique américain, c'est, au contraire, un antidote contre le manilovisme «révolutionnaire» et les élucubrations fantaisistes. Le sens pratique américain est la force indomptable qui ne connaît ni ne reconnaît de barrières, qui emporte les obstacles de tout genre et de tout ordre par sa ténacité industrieuse; qui ne peut manquer de mener jusqu'au bout la tâche une fois commencée, fût-elle minime, force sans laquelle on ne saurait concevoir un sérieux travail de construction.

Le style dans le travail

Mais le sens pratique américain a toutes les chances de dégénérer en un affairisme étroit et sans principes, s'il ne s'allie à l'élan révolutionnaire russe. Qui ne connaît la maladie du praticisme étroit et de l'affairisme sans principes, qui conduit souvent certains «bolchéviks» à la dégénérescence et à l'abandon de la cause révolutionnaire? Cette maladie particulière a été décrite par B. Pilniak dans son roman: l'Année nue, où l'auteur montre des types de «bolchéviks» russes, pleins de volonté et de décision pratique, «oeuvrant» avec beaucoup d'«énergie», mais dénués de perspectives, ne sachant «ni quoi ni pourquoi», et déviant, pour cette raison, de la voie du travail révolutionnaire. Personne n'a raillé avec autant de mordant que Lénine, cette maladie de l'affairisme. «Praticisme étroit», «affairisme stupide», voilà comment Lénine qualifiait cette maladie. Il lui opposait ordinairement l'oeuvre révolutionnaire vivante et la nécessité de perspectives révolutionnaires dans les moindres tâches de notre travail quotidien, soulignant par là que l'affairisme sans principes est aussi contraire au léninisme authentique que l'élucubration «révolutionnaire».

L'élan révolutionnaire russe, allié au sens pratique américain, telle est l'essence du léninisme dans le travail au sein du Parti et dans l'appareil d'Etat.

Seule cette alliance nous donne le type achevé du militant léniniste, le style du léninisme dans le travail.

J. Staline, Oeuvres Choisies, Ed. 8 Nëntori, Tirana, 1980, pp. 17-104

«Pravda» Nos 96, 97, 103, 105, 107, 108, 111; 26 et 30 avril 9, 11, 14, 15 et 18 mai 1924

https://bibliothequedissidente.com

Une édition traduite, corrigée et augmentée, exclusivité de la maison
d'édition Bibliothèque Dissidente
Dépôt légal : octobre 2020